献给打工的人们，

纪念这个打工者创造的时代！

蓝白仓库

吉峰◎主编

南方日报出版社
NANFANG DAILY PRESS
中国·广州

图书在版编目（CIP）数据

蓝白仓库 / 吉峰主编. -- 广州 : 南方日报出版社,2011.7
ISBN 978-7-5491-0233-4

Ⅰ. ①蓝… Ⅱ. ①吉… Ⅲ. ①劳动就业—基本知识—中国 Ⅳ. ①D669.2

中国版本图书馆CIP数据核字(2011)第137464号

蓝白仓库 吉 峰 主编

出版发行：南方日报出版社
地　　址：广州市广州大道中 289 号
电　　话：（020）83000502
经　　销：全国新华书店
印　　刷：深圳市希望印务有限公司
开　　本：889mm×1194mm 1/16
印　　张：16.5
字　　数：150 千字
版　　次：2011 年 7 月第 1 版
印　　次：2011 年 7 月第 1 次印刷
定　　价：35.00 元

投稿热线：（020）83000503 读者热线：（020）83000502

网址：http://nf.nfdaily.cn/press/

序一：打工经济

茅于轼

经济学家

这是一本为打工者写的书，它介绍了打工者需要知道的各方面知识，既适合于蓝领工人，也适合于白领打工者。严格讲，蓝领白领并没有很清楚的分界线，他们都是打工者。这也是本书有别于其他打工书籍的一个方面。

我国改革开放以来已经有两三亿农民进城打工，外加几千万大学毕业生就业，就业市场有了空前的扩大。其中既有经验，也有教训；正面反面的故事非常丰富。适应这种需要有不少讲“打工须知”一类的书出版。但本书不同于过去所出的书，最主要的是作者吉峰本人就是一个打工者出身，自己有切身的经历，书中涉及到打工者需要的各方面的知识，包括来到一个新环境所面临的和在打工之外的各种问题。而且吉峰有企业管理经验和劳资关系方面的学识。这才能写出如此内容丰富的书来。

我喜欢这本书的另一个原因是它是打工者自己写出来的，而不是旁观者写的。这两种不同的立场会有完全不同的体会。我们常说，真正底层群众的声音很难被听到，能够听到的往往是旁观者的声音。有时候这些作者并不真正了解事物的真相，道听途说，以谬传谬。更糟糕的是为了哗众取宠，说一些貌似为了穷人，实质是误导穷人的言论，极大地混淆了视听。这方面的经验教训已经太多了，可是大家依然容易上当受骗，这真值得我们总结一下教训。现在这本书不会误导大家，所以我愿意推荐给广大的打工者和读者们。

改革开放三十多年，20世纪80年代开始的打工问题，已演化成就业问题、社会保障问题、户籍问题、劳资关系问题和公平正义问题，还有许许多多数不清的问题。所有的人都在享受着“打工经济”（农民工以承受低工资为代价的经济模式和成果）。农民工问题的解决，涉及非政府组织、学术界、媒体和社会各方，最重要的是政府责任。愿他们看了本书会有所认识。简单归纳起来说，就是保护打工者的基本权益，他们的生存权、工作权和人生权，工作中没有危及生命的环境；他们有权自由选择、讨价还价和集体谈判，有权自由工作和权益申诉，没有理由遭受不予受理和不许立案，而且案情能得到符合正义的解决。

2010年12月9日　北京

序二：农民工与民工荒的解析

郭 军
全国总工会
民主管理部部长

我和吉峰是在一个研究劳动关系问题的场所偶然相识的，那时在劳动关系、劳动法学界认识他、了解他的人可能并不多。当他拿出《蓝白仓库》的文稿希望我能够提出些许意见时（书原名为“打工手册”），我既好奇又惊讶。写打工者，如写农民工和给农民工写的书是有的，但是，写农民工的大多数是描述农民工的艰辛、奋斗、成功与失败的，给农民工写的书大多是法律知识的普及手册，告诉农民工如何签劳动合同、如何打官司的，总感觉是外人对农民工的观察、教育，似乎和农民工的关系不够那么亲和那么贴近。而吉峰认为自己就是农民工，他是以“农民工”的角度来设计和编写这本书的，所以他定位是：一本工具书、故事书和思想性相结合的书籍。以打工的工作状况、个人发展和城市生活三大部分为主，打工作者写的稿件占70%，读者对象是打工者中的蓝领、白领、农民工群体和企业管理者。他自我的评价是以“自教育和共言说”为本书特色，其形式和内容是从未有过样式的。虽然，对此我不敢肯定，但是它的确够独特。

其实，它最大的特色是从打工者的自我而不是被教育的对象角度来写的，是从打工者是社会人而不是简单地出卖劳动力的劳动者角度来写的，后者尤其突出，本书是把打工者作为一个有血有肉有着多种需求的人来看待的，而不仅仅作为一个被企业购买来的商品和一个挣钱的工具来看待。所以吉峰甚至没有直接去谈怎么签劳动合同，怎么去主张权利，怎么打劳动争议官司等等，这是社会上提供给打工者维权手册、指南常常去做的一件事情。他没有涉及劳动权益、劳动争议等这些所谓的“常识问题”，而是从一个对城市生活、对自己的特殊身份、对安身立命的劳动关系的前景很大程度上懵懵懂懂浑然不知的背景出发，从怎么找工作、怎么去生活等等顺着一个农民工进城打工的足迹，自然而然地展开了。书分九篇：打工篇；工作篇；个人发展篇；个人事务篇；城市生活篇；性、恋爱、婚姻和家庭篇；270个知识篇；打工故事篇；社会（劳资关系）共言说篇。他努力把作为一个打工者在城市工作和生活中所遇到的各种问题都包括进来。特别值得肯定的是，吉峰把视野更多地投入到了打工者的社会人、城市人的生活领域，努力触摸、触碰甚至触动打工者的心灵，正如他自己说的，“既有如何面对城市生活，也有通向人生终极的存在意义和为人的道德指引”。这往往是我们所忽略的，因为大多数人认为打工者就是匆匆的城市过客，他们只关心挣钱，他们是不需要休息、不需要娱乐、不需要社交、不需要独立思想的，他们是不需要尊重、不需要人格、不需要仪容的；他们是不需要爱情、不需要亲情、不需要性和家的，起码在城市是不需要的。所以许许多多的人是藐视打工者的，许许多多的企业是漠视农民工的，许许多多的城市是忽视打工者的。这正是今天的“民工荒”背后的深层次原因，得不到应有收入的人、得不到应有尊重的人、得不到应有未来保障的人凭什么要留恋这样的企业、这样的地方、这样的城市？所以，在前几篇的打工知识主题中，吉峰关注得更多的是具体问题的面对和解决具体问题的方式方法，而不是高深莫测的大道理。

何谓农民工？

“农民工（打工者）”是一个令人十分纠结的词，由于从不同角度出发，对农民工的内涵外延就有着不同理解和多种多样的解释，争议多多也恰恰反映了这个问题的复杂性和阶段性，正如作者自己将自己也界定为农民工一样。吉峰试图对农民工的定义做个清晰的界定，但是我感觉到了他的困惑，他说：“80年代中后期，随着沿海工厂的兴起，打工仔、打工妹、打工的的名词，变成了农民工。随后一段时期演化成多种同义不同名的称呼，如：打工的、劳务工、外来工、临时工、临聘人员、合同工、蓝领、白领、农民工、员工、工人、职工和劳动者。这些带有特殊符号的称呼，在本书中都泛指一个意思表达，即离开家乡到城镇打工的农民工和劳动者。我一直好奇地想知道，“农民工”这个词，是谁第一个使用的，当时他使用这个词时，是怀着一种怎样的想法，有什么样的背景故事。通过网络搜索和向专家学者咨询，没有找到确实的信息，大约是在20世纪90年代出现的。农民工的定义是什么呢，列出以下三种说法：

一、既不是农民，也不是工人，就是农民工。二、农村户籍的人到城镇以务工方式谋生的就是农民工。但这种说法将一些非农户籍的劳务工、临时工、合同工、外来工等排除了，而这些人的政治权利、经济状况和农村户籍的打工者是一样的。三、凡是在城市工作和生活的外来务工人员，在政治权利、经济状况和工人或市民不具有同等的权利和权益的劳动者，都是农民工。农民工是个很令人纠结的概念，农民？工人？在乡村企业工作的农民？在城镇工作的来自农村的工人？吉峰的困惑也是我们大多数人的困惑。严格来说，中国今天是不存在农民工的，因为自1995年《劳动法》正式生效实施后，所有的企业招用职工都得正式签订劳动合同，通过劳动合同建立劳动关系。不论签劳动合同前你是做什么的或是什么身份，签了合同后都是签约企业的正式职工，如果说有区别，那仅仅是合同的期限、工作岗位、工作职责、工作时间、工资标准等相关的不同，但是必须签订劳动合同，都要执行统一的最长工作时间和加班时间的规定、最低工资标准和加班工资标准的规定、劳动安全卫生标准条件的规定，以及社会保险和劳动争议处理规定，这在劳动法上来讲是从来没有身份差别的，都是企业的职工，而不是什么农民工。实际上，在劳动关系中农民工与城镇职工差别是明显的，一方面是工资、工伤赔偿待遇和福利，这只能够说是企业缺乏法律意识，有歧视嫌疑，而不是法律制度上有障碍；另一方面，其实真正的差别主要表现在社会保险问题上和社会福利方面，这恰恰游离开了劳动关系，是社会问题、身份问题，这与农民工子女就学、农民工住房等问题是同样的，原因是农业户籍。这也是农民工这个称谓一直还频频出现，甚至出现在政府的文件政策中的原因。但是，我们每每看到了农民工不利的一方面，农民工有自己的优势的地方却被忽略了。国际金融风暴来临，大量农民工被辞退，但是没有造成大范围的社会不稳定，其核心原因就是农民工还有一个安身立命之地，即承包地、宅基地和住房。承包地、宅基地随着城镇化将会是和应该是一笔可观的资本，起码在农民工失业的时刻，他有个退路和基本保障，这是城市无产阶级的职工所不具备的，也是农民工称谓还有意义和价值的地方。这样看来，农村户籍的到城镇务工谋生的人就属于典型的农民工。这当然不包括自许为农民工的吉峰。

吉峰说，改革以前，没有“农民工”这个词，这大体上是对的。但是那时有农民工也是事实，在当时就有季节工、轮换工、临时工等制度，而且对农民轮换工人的使用是有不超过八年的限制的。吉峰说，“改革后，大量的农民进城打工，出现了‘农民工’一词，字面意思是指进城打工的农民，而实质内容是，进城务工干着和过去工人一样的活，但却不能得着工人的工资福利和社会保障的人”。这个现象的确是存在的。

何来民工荒？

每年春节过后总有一些地区出现用工荒，然而今年情况似乎格外严重，特别是大规模的“民工荒”，此事也引起了相关部门的高度重视。“民工荒”对我们社会和企业释放一个非常重要的警示性信号：当前企业的发展模式和管理理念存在着严重的偏差，劳动关系在总体稳定的形势下存在着严重的结构性隐忧。我们过去的经济发展模式，包括企业的管理模式，以及对劳动关系的认识需要做一个较大幅度的调整。

那么，我们到底应该如何来调整呢？如果从历史的角度来看，用工荒不是今天首次出现的。改革开放初期，大量的农民工涌到改革开放的前沿地区，似乎这样的劳动力是取之不尽用之不竭的。但是随着时间的推移，逐渐地在一些特定时间点上、一些特定的岗位上出现了用工荒。在90年代的中后期民工荒的问题就已经引起了人们的关注，特别是春节前后这个问题就变得十分突出。在春节前主要是社会用工荒，如保姆、医院的护工等社会化服务的个体劳动者紧缺，同时企业的农民工也因为如避开春运高峰期等种种原因而提前离开工作的企业。然而企业农民工的短缺主要还是表现在春节后，因为部分农民工回到家之后出于许多原因而不愿意再出去到外面打工，例如自身的身体状况不好、结婚、照顾老人和孩子等一系列原因，但是最直接的原因还是打工的工资太低了，工作时间太长了，劳动条件太差了。有一些是直接跳槽到待遇好些的其他地区、其他企业了，如一度在珠三角出现的用工荒，但是在长三角却没有出现，差别只是长三角多数企业除了工资大多管吃管住。看似很小的区别，但对于农民工来说却是至关重要的考虑因素。也有的感觉背井离乡异地打工不划算干脆不出来了。当时政府和工会也采取了积极的应对措施，包括提供更多、更快捷的就业信息服务，甚至在一些农民工输出比较集中的地方组织劳务输出，工会也因此应运而生农民工输出地、输入地联动的维权模式。一些企业也在进行改进，包括提高工资待遇，甚至是接送农民工回乡。因此，过去这样的情况只是在局部地区的部分企业出现，规模从来没有今天这样大。但是这次大规模爆发的“民工荒”给了我们一个非常醒目的警示，即我们的劳动关系、企业的管理理念是不是可持续的，是不是公平公正合法合理的。很遗憾，答案是否定的。长期以来，农民工的工资太低、工作时间太长、劳动条件太差是不争的事实，而欠薪和随意裁员也是屡见不鲜的，那么一旦劳动者有了更好一点的选择，“血汗工厂”出现“民工荒”是必然的、迟早的事情。现在劳动者这样的选择自由和意愿真的来了，一方面是我们的政策带来的，即扶持农业发展的政策使得务工与务农的收入差距缩小了，西部开发等政策使得各地的经济发展趋于平衡，就近务工的机会增加了。对于农民工来说，在经济发达地区外出务工只能获得较低收入的同时，要支付不断增高的生活成本，如每年春运期间往返途的艰辛和高额路费，以及户籍、身份的歧视和背井离乡情与性的折磨……这一切使得外出务工和在本地务工务农的收入与消费比及幸福指数越来越不成比例。一个理性的人是会有不愿意再外出打工的渴望的，这种情况不改变，“民工荒”就是必然的了。另一方面，农民工的构成已经发生很大变化，一代农民工与二代农民工的价值取向有了很大变化。一代农民工由于长期从事农业劳动，养成了吃苦耐劳的习惯，由于务农没有什么现金收入，出来打工挣到现金就很满足了，打工挣钱回家盖房娶妻或者供孩子上学就是直接的目标。而二代农民工随着所受教育程度的提高、知识面的扩展和城市化生活方式的改变，对人生的追求已远远不是一代农民工的想法。二代农民工绝大多数希望留在城市成为真正的产业工人和城镇居民的，因此对务工的要求已经不仅仅是赚钱，赚更多的钱，他们不仅要解决生存问题还需要解决发展问题，他们更关注自身的发展和人格尊严。如果企业不注意这种差异和这个变化，即使工资不低，同样也招不到工人，这必将会在某种程度上长期导致一些还停留在过去用工理念上的企业出现民工荒的问题。最近新闻报道大量的求职者蜂拥而至深圳富士康公司，昼夜排队挤爆大门。在

"民工荒"的背景下出现如此现象十分有样本意义，其实不过是富士康用工规范了一点，不高的工资按时发放且不会欠工资而已。还有二次求职者讲述因为管洗衣服，这大概真是"80、90"农民工的特色了。

今天突然爆发的"民工荒"其实应该是一点都不奇怪的，"民工荒"是另外的一种危机。金融风暴刚爆发的时候，第一轮出现的现象是什么？是老板弃厂而逃，是裁员潮，是欠薪、减薪……所有国际金融风暴下的乱象，其背后都有内在的逻辑，即劳动者是取之不尽用之不竭的，劳动者是可以招之即来挥之即去的，劳动者只是被购买来的商品，劳动者是被资本养活的对象……在抗击国际金融风暴过程中，中国经济一枝独秀，逆势发展。是谁扛起了这样的千斤重担？美国《时代》周刊的封面告诉了全世界是中国的农民工。后国际金融危机时期出现的"民工荒"，一方面反映中国的经济在快速地发展，一方面也反映出以往的劳动关系和企业管理理念出现了问题。"裁员潮"与"民工荒"，这两件事是有直接的关联关系的。国际金融风暴来的时候，企业第一反应是自保，所以在这个过程中，大量的裁员，包括更恶劣的弃厂而逃，此时就存在着对企业发展模式和管理理念的一种考验，即你到底是企业家，还是资本家，你是把企业作为事业来做，还是作为一个赚钱的工具来办，不同的理念会有不同的做法和不同的结果。面对国际金融风暴带来的冲击，《劳动合同法》在维护劳动关系的稳定上，在保障经济平稳增长上，应该说功不可没，《劳动合同法》使得大量的企业有所忌惮，有所顾虑。而依照《劳动合同法》没有裁员的企业，今天笑到了最后，这样的企业当然不存在"民工荒"，更有可能是出现富士康那样的排队应聘潮。"裁员潮"与今天的"民工荒"的关系是因为国际金融风暴席卷包括中国企业的时候，大量的农民工被老板一脚踢出企业了，"被回家"了，后来东莞连续出现了两起影响较大的企业员工把企业经理、老板杀掉的恶性事件，直接起因是解除劳动合同，但是真正的原因是企业的一些管理者习惯于这样的认识和做法，即我投资的企业我所有、我说了算，劳动者就是购买来的商品，我老板让你来你就来，让你走你就走，如果不满的话，爱上哪儿去告就上哪儿告去……这些话我们都耳熟能详、习以为常了，但是问题真的没有那么简单，如果你不给他一个矛盾解决的出路，他一定会以一种更激烈的方式来反作用于企业。这些问题是长期存在的，并没有引起企业和社会的高度关注。今天"民工荒"是直接把这个问题放到了桌面上，“民工荒”的出现，用一句不客气的话讲，就是“自作孽不可活”。国际金融风暴来的时候，你一脚把劳动者踢开，现在你有订单了、有市场了，你让劳动者回来他就一定回来吗？不一定。我们原来可能是有大量的历史累积的富余的农村劳动力，他们愿意出去打工挣一点现金，他们的维权意识和能力很低、很差，甚至企业欠薪也忍了，再换个老板而已。但是这不意味着农民工对此没有想法和怨恨，更何况新一代农民工的考量可能不太一样了，今天的“裁员潮”使问题显性化，而且是集中显现了。我们不是说在金融风暴过程中企业有了困难也不可以裁员，但是在可裁员可不裁员的时候，依法裁员了也无可厚非，需要谴责的是那些不该裁员而借着金融风暴也裁员的企业，无论哪种情况，现在这样的企业可能会后悔，因为在后国际金融危机时期，有市场、有订单了却招不到劳动者了。要知道，这些员工也是人，企业的行为对他们的选择是有直接影响的，投桃报李是可能的，以德报怨则未必。企业必须明白这个道理，要有社会责任意识，在可裁员可不裁员的时候，那些坚持没有裁员的企业，在国际金融风暴最困难的时候你没有抛弃这些劳动者，那么现在企业的订单来了，任务饱满了，劳动者会以感恩之心兢兢业业地工作，甚至都不会提出涨工资的要求，这样的企业当然不会出现“民工荒”，这样的企业也会有很好的社会美誉度，更多的劳动者愿意来到这样的企业工作，求职者排队应聘潮就说明了这一点。这个问题直接冲击企业发展模式、管理理念并将产生重大影响。最近发生在美国的日本丰田就汽车质量问题接受美国议会质询，受到抨击的时候，丰田的美国员工站在议会门口支持丰田，表现得十分忠诚，这是因为在美国金融风暴的时候，丰田在美国的企业没有裁员，也没有以派遣方式用工，而用的是终身雇佣这种日本的传统用工方式，所以在丰田的美国员工具有感恩之心。这些现象难道不值得我们的企业关注和反思吗？企业的发展理念难道不应该调整吗？劳动关系虚无化、形式化、单边化、短期化、空心化的问题必须改变，低工资、高工时的模式的确是不可持续的，希望中国的企业还有时间去考量并加以调整。

何解民工荒?

从企业的发展模式来看，今天中国的经济发展已经到了一个拐点，需要从量变到质变，转变经济增长方式，调整产业结构必然要求对高能耗、高污染、低工资、低效益的这类企业进行淘汰。更重要的是，我们强调不能只关注GDP的增长，还要关注社会和谐、公平和公正，这说明政府对劳动关系的关注度提高了，对《劳动法》的执法力度将会加强，农民工主张权利的意识也在增强，企业如果再不转变用工方式和管理理念将难以生存。从劳动力的供给情况来看，计划生育政策使人口剧增的趋势得到控制，现在老龄化的问题渐渐浮出水面，伴随而生的问题是新生劳动力的绝对数量将会递减，这个问题在日本已经成为一种严重的社会问题，到那时真正的“民工荒”、用工荒将会是实实在在的难题了。与“民工荒”同时存在的大学生就业难、“蚁族”等现象说明，我国目前还不是真正的、绝对的用工荒，最多是类似在美国出现的制造业后继无人的产业工人荒的现象，但是人口红利不是可持续的，人无远虑必有近忧，现在需要用长远的眼光来关注并解决这一问题。

国际金融风暴告诉我们：资本不是万能的，企业不是投资者的私有财产，谁投资谁所有仅仅适用于所投资的财产，而不等于对企业拥有了所有权。企业是一个生产经营性质的，社会化大生产的经济组织，企业这一经济组织是由资本和劳动两大要素组成的，缺一不可。没有人投资的确没有企业，同样，没有劳动者的加盟还是没有企业，资本方投资建立的企业如果没有劳动者来工作，其订单接得越多不是赚得越多，而是赔得越多，更不可能有企业的利润可言。“民工荒”给我们上了活生生的一课，所以，谁投资谁所有谁说了算是不对的，企业的生存和发展必须靠两个轮子，一个是资本一个是劳动，如果只是一个轮子转，这辆车就只能够原地打转，要想做大做强可持续发展，必须要保护和调动两个要素的积极性，实现劳资两利，劳资双赢，共谋发展。这实际上是提出了中国企业发展的道路问题，提出了中国企业管理的理论和理念问题，值得进一步深入研究。让我们都来关心农民工、帮助农民工，让越来越多农民工越来越快地成为有地位、有尊严的产业工人、职业经理人和现代城市人。

南方日报出版社愿意出版发行这样的书，非常值得肯定，有南方的眼界和水准。

2011年3月29日，定稿于北京

序三：把更多人文关怀投向农民工

王同信
深圳市总工会
副主席

吉峰同志花心血编写了这本《蓝白仓库》，力图给打工者在外出打工、城市生活、个人发展、职业规划、人生价值观等方面提供帮助，这是很有意义的一件事。作为一个有打工经历的主编，吉峰对打工者的困惑、需求、希冀有着更切实、更到位的体会，这本书对广大农民工尤其是新生代农民工在城市的工作和生存，有着更具体更有效的指导作用。

据深圳市总工会2010年的一项调查显示，深圳新生代农民工已占农民工总数的87.5%，平均年龄26岁。他们年轻、有活力，但仍面临着难以融入城市生活、知识和技能水平不能适应产业升级和调整的要求等现实问题，来自工作、生活和自我发展等各方面的压力，使他们在城市生活面临诸多困难。帮助他们树立健康的人生态度，不断提高他们的文化素质和职业技能水平，提高他们在城市生活的生存能力和发展能力，是新生代农民工自身成长的现实需要，也是建设一支稳定的高素质的特区职工队伍的必然要求。

劳动力是一种特殊的资本，这种特殊的资本价值高低很大程度上取决于学习培训。从外地到城市的打工者，两手空空、举目无亲，无资金无技术无经验，唯一的资本就是简单的劳动力，要安身立命，融入城市，要获得较好的收入待遇，提升自我价值，只能靠学习，靠培训，靠提高自身的劳动技能和就业竞争力。这样才能提升他们的自身素质，才能让他们融入城市，改变自己的命运。

英、法等老牌资本主义国家在工业化初期，就由政府主导、依托社会及企业对农民工开展大规模的教育培训，把从土地上走来的农民、牧民培养成适应社会化大生产需要的工人，成功地实现了社会转型。而今在IT行业、核工业行业里的骨干，许多就是当年农民工的后代。而后来发展的拉美国家，就不大重视对进城务工的农民培训，只让他们从事简单劳动，居住在贫民窟里，形成当今严重的贫富悬殊、社会割裂局面。现代化对于物质条件的依赖是相对的，但对人的素质的要求是绝对的。提高人的素质，关键是教育。在深圳，要调节贫富差距、谋求社会公平 、实现体面劳动、达致社会和谐，很重要的一个方面，就是对广大劳务工的教育。

一个现代化的城市，不可能建立在劳动力主体素质得不到保障提升的地基上。新的发展模式需要一大批高素质的劳动大军支撑。深圳市委、市政府已清醒地意识到提升劳务工的整体素质，释放这一群体中蕴含的巨大潜能，是打造和谐深圳的重要环节。深圳的劳务工来自祖国的四面八方，对他们而言，深圳不应只是人生的一处驿站，更应该是一所学校，一个家园，一个使他们的素质得以提升、人生价值得以体现的乐土。深圳应该感谢他们，回报他们，让他们共享改革开放的丰硕成果。

我们希望能有更多的社会机构、企事业单位关注新生代农民工素质提升，参与到打工者公益教育的行动中来，为农民工提供数量更多、更低成本的学习机会，使他们愿意学习、能够学习，并通过学习提高素质，搞好农民工的教育培训，就是对他们最好的回报。

2011年3月12日　深圳

序四：有尊严的游民，有尊严的生活

曹 轲
南方都市报
总编辑

吉峰的经历看上去简单。他来深务工16年，当过保安、司机，送过花，也当过餐馆服务员，做过人力资源管理工作而后又失去。在某些方面，吉峰又是个谜。一个农民工，偕同教授和企业家发起劳资关系发展论坛。现在，他又作为主编，邀请政府、企业、农民工群体、学界和社会人士共同写作一本让打工者"自教育、共言说"的书籍。他的所为总是超出你的想象。是什么触发了他写作的念头？是什么让他对农民工问题保持如此力度的关注？又是怎样的能力，让他每一次都把想法化为现实？

意料之外与负债感

记住吉峰，是因他自许为"农民工"的勇气和骨气。在2008年9月6日纪念广东改革开放30周年深圳论坛上，他站起来大声地向台上提问，以农民工的身份。后来才知道，他的网名"农民工"在公众舆论平台上已有很高的知名度，他发起主办的劳资关系发展论坛从2008年起年年举办，只要有机会、有场合表达，他都抓住不放，而所有的意见均从农民工而来，代农民工而言，为农民工而呼。

有机会和他面对面交谈时，终于亲身领教了"农民工"的胆识和见识。2009年5月8日，南方都市报在深圳举办媒企关系高峰论坛，与农民工似乎没有直接关系，想不到他来了，还用900元竞拍到与国际顶级营销大师米尔顿·科特勒先生的午餐机会。

对于吉峰所提的农民工问题，科特勒回答得轻巧，但也算对路：“现在中国的农民工问题，所有的西方发达国家都经历过这样的阶段。美国也是花了很长的时间才解决这个问题。现在所谓的农民工问题是中国城市化进程中出现的。农民工会变成城市的工人，这个有持续的自我激励的动力。这个过程会比美国快。”

是的，农民工会变成城市工人，而不是在城市打工的游民。这个过程会有多漫长、多艰辛？全社会都应当关心。而这需要形成一个有共识的社会环境，特别是舆论环境。这就说到了我的本行。我所在的南方报业传媒集团，南方日报关心，南方周末关心，21世纪经济报道关心，南方农村报关心，南方都市报也关心。只是角度和方式各有不同。一篇篇报道、一次次呼吁、一步步行动，点点滴滴，滴水石穿，假以时日，必有所成。

在翻阅吉峰交给我的这本书稿时，我有负债的感觉，也有负责的冲动。和周围的许多人一样，我的上一辈就是农民，大多数中小学同学，现在还是农民，进城二十几年，现在又在一份有影响力的都市报工作，但农民的习气难以彻底改掉，最爱吃的也是一辈子吃不厌的面条和红薯，现在最爱喝的茶，是所有茶叶店里买不到的大麦茶，令人想起泥土的气息。如果不是考上大学，我现在可能就是农民工中的一员。

“共言说”的基础

近年来农民工群体广受关注，其根源在于这个领域有太多需要去解决的问题。而这些问题千丝万缕、错综复杂。社会各层面对此问题都有言说，但似乎并没有凝聚为推动农民工问题改善的力量。这或许是吉峰寄望农民工“自教育”的原因。这种源头上的认知是解决农民工问题最强大的动力所在。

这本书稿的定位是“常识+工具+思考”。既有常识性、工具性的主体内容，也有农民工自身叙述的故事，同时还有社会各界对农民工问题的思考和碰撞。全书图文并茂，表达关于农民工工作、城市生活和个人发展三大方面的内容。

书籍编写者对项目的定位是关怀农民工群体、促进劳资关系建设之用。意在通过常识普及、思想指引去促进、感动和鼓励农民工群体。吉峰尤其在意企业、政府、工会和劳资关系相关方四方的认可。其意殷殷，着眼实际。或许是农民工的出身让他做任何事情的视野都聚焦在其现实价值上。我相信这只是吉峰的第一步。

在书稿中，我看到了吉峰为达到以上的目标所做的努力。无论是政府、企业还是员工，他们以前关于农民工问题的困惑和偏见，都能在这本不大的书中从基本层面得到化解。实际上，“共言说”的基础也在于此。这是吉峰的用心处。他知道，现实社会中，劳、资、政、企、社等各方在农民工问题上一直缺乏一个“共言说”的基础。而他，则希望能搭起这个桥梁。在有共识的基础上才有通过互相言说推进问题改进的可能。哪怕存在分歧。

这本书不是没有缺点。比如，它的字里行间让人感觉到一种教训人的口吻。不知道吉峰自己是否意识到了这一点。虽然他提倡对农民工“自教育”，但他自己毕竟已不同于普通的“农民工”。这让他也难免有些时候以“教育者”自居。

而从内容上看，这本书也略显缺陷。农民工遭遇最现实的问题是权利受到侵犯时的维权困境。但这本书在这方面着墨甚微，近乎缺失，不免抱憾。

农民工的未来，中国的未来

农民工的问题，不亚于农民问题，不亚于城市化问题，或者根本上就是同一个问题。中国两亿多的农民工，背后有多少个家庭，多少个牵挂和被牵挂的人？每一个人都可以找到与乡土，与农家的血肉联系。如果算上已经在城市里安家生活的农民后代、后代的后代，都有关心的亲戚朋友，都有关心的街坊邻居，这些人加起来，差不多就是人人关心，人人牵挂了。关心不是俯视式的同情，不是轻视式的施舍。最起码，不要觉得农民工只能来做城市里苦脏累的活，只能来解决城里人的吃喝拉撒，只能埋头在工厂流水线，他们也有生活，也有七情六欲，也有基本的尊严和人权，也要享受现代生活的乐趣，也要分享社会进步的喜悦。设身处地，换位思考，每一个人都会感同身受。

关心归关心，牵挂归牵挂，甘苦自知、顽强生存的，还是得靠自己。任何一个人，面对任何的社会环境和生存环境，要跳出不公的命运，找寻到梦想的生活，建立起生活的尊严，最终的觉悟还是得靠自己，最终的努力还是得靠自己。因为别人替代不了你的生活，替代不了你的感受，替代不了你的思想。如此，“农民工”的所思所为，就有了特别的意义。

全国现在两亿多的农民工，四个里面就有一个在广东。所以，广东特别早也特别深地碰到了农民工的各种问题。在广东的农民工也有了反差最强烈的身心撞击，有了最先的觉悟与自我思考。我特别留意到，从四川来的律师周立太，到深圳办理农民工工伤赔偿案件，一举成名，后来一气办了两千多件，甚至推动了深圳市的相关立法，人称“农民工律师”。我的同事陈文定追踪9年，于2009年11月出书《从底层滚出来：文盲周立太何以名值千万》，他说他并不是想替这个“农民工律师”树碑立传，“推动法制进步”固是题中应有之义，但他更愿意将周立太的成长历程作为奋斗史来研究。“鸭子变不成天鹅，但可以抢到天鹅的池塘”是他写完此书后的感悟。

包括吉峰、周立太等在内的一些农民工代表，成就在深圳，成名在广东，隐含的道理或许就在这里，隐约的希望或许就在这里。有人说这些农民工代表都不像农民工，不是农民工，也许，这样反而对了。这样反而好了。农民工的未来，一定不是农民工。

在2010年8月纪念经济特区创办30周年之际，温家宝总理两次表达了他的奋斗理想。他说：“我将我的政治理念归纳为四句话：让人有尊严的幸福生活，让人感到安全可靠，让社会充满公正，让人对未来充满信心。”这句话全天下都听到了，所有人都听到了，都心动了，都沉醉了，都向往了。有一点坚信不疑，温总理说的“人”，包括每一个中国人，包括你我，包括农民，包括农民工和打工者。

2011年2月18日　广州

曹轲VS吉峰：农民工有幸福感么？

引子

不停地追问，不停的行为，是吉峰的姿态。无论探求到了什么，他敢于言说自己所看所思所想，愿意与别人交流、碰撞、合作。是这种不在乎得失的韧性，让他对农民工问题的思考不断深入，同时，对农民工问题所做的事情越来越多。一次次的出位，让很多人难以置信，这会是一名曾经的农民工所为吗？也让很多人对他本人充满了问题：他要做什么？为了什么？在他心中对农民工问题的理解是怎样的？

这一次的提问者是南方都市报总编辑曹轲。在农民工问题上，南方都市报及南方报系旗下其他媒体均长期关注。曹轲本人也认为农民工问题是中国城市化进程中的关键问题。在中国当前的社会格局和体制生态中，农民工问题关键处何在？出路何在？他也还没有答案，而吉峰的探求，正是曹轲想了解的。

尽管共同关注，但两人对很多问题的理解，不尽相同。

这篇全国顶尖的都市报总编与农民工代表之间的对话，可以看作是现代都市对农民工的真切关注。

关于吉峰

曹轲（以下简称曹）： 你觉得中国劳资问题的核心在哪里？

吉峰（以下简称吉）：直接的核心在劳资两方本身。本质的核心在于生活方式的选择。

曹：你的理想是什么？从现实层面看，能在多大程度上实现？

吉：理想是努力做一个贤哲的门徒。在行动中体现就是实现。我负责过程，结果由主祝福。

曹：目前的体制之下，劳资问题是否是农民工与企业家之间对立的问题？

吉：不是，实际上，缺少的恰恰是对立，因为没有对立，所以才导致了失衡、无为和问题的严重，这反而非常不利于劳资关系的建立和可能的解决。

幸福感

曹：在你眼中，农民工这个群体最渴望的是什么？高薪？户口？更多就业选择？社会保障？政策扶持？是什么阻碍了他们的渴望？社会最应该给他们什么？

吉：最渴望的是做人的尊严。未知人的美好阻碍了这种渴望，从而把自己作为一个人应有的美好和权利，仅仅当作一种渴望别人给予的可能的渴望。

曹：他们的成就感和满足感来自哪里？

吉：有吗？我真不知道。

曹：抛却经济收入对比，在你看来，他们的幸福感与市民相比有多大差别？除了提薪，又有哪些能提升他们幸福感的因素？

吉：我真不知道农民工有幸福，如果有的话，那一定是作为一个人活着或作为一个人同人相处中感受到的尊重。就像你我之交。

隔膜与融合

曹：城市给他们带来什么改变？他们给城市带来什么变化？

吉：城市化改变他们自身，导致自身的变化多是追求外在改变，其实是不自觉填补不受人尊重和内心的空虚，如烫发、美容、时装和上网聊天，还有两性关系的混乱。

给城市带来的变化是经济的高速发展，富有阶层的兴起和别人家的高楼大厦。

曹：从适应社会的角度看，他们缺什么？性格上、能力上、心态上、人生规划、格局视野……

吉：根本缺乏的是人生信仰、价值观念和人的血性。没有意识到自身生活的危机性，茫然随波逐流，追求虚荣。缺少阶层团体意识，局限在打工是生存的正常，总以为找到一个好工作或当上老板就能解决问题，导致了人的力量缺失，进而形成了无法也难以自立的负向状态。

曹：现在越来越多新生代农民工。与父辈相比有很多不同，包括受教育程度、人生追求。他们的想法是否被充分了解？他们和城市的相融会更好还是更差？

吉：不受重视也不被了解。按现状发展，将会更差。

曹：对一些人而言，城市可能无非是离家远一点的工厂。就你所知，农民工群体中有多少人会愿意留在城市？从现实看，他们有没有能力留在城市？

吉：总的说来，老农民工中少数的人愿意留在城市，不愿留下来的一些原因是因为他们知道在城市里生活到老是不可能的。新生代农民工中的多数人都愿意留在城市生活，无论城市对他们冷漠还是欢迎，虽然农民工没有能力，但他们没有退路。并且，整个生活方式已经被城市化和GDP改变。

曹：如果现在给农民工市民的待遇，会是怎样的结果？对绝大多数人而言，是否能在城市扎根？

吉：会是怎样的结果？首先，鞭炮一定会脱销；其次，阶层和解，同族融合，社区开始形成，上天祝福之光将照耀着我们；最后，城市成为人的城市，而不是流动和纷争的城市，人之间的信任、情感和文化会自然地、逐渐地、带有人的情感建立起来。企业的经济效益会大幅提高，城市会成为人的家，大城市的人口数量会大幅减少和自动平衡，二、三线城市和小城镇会快速发达，地区间经济和社会发展差距减小，人居生活质量都有保障和提高。富人过富裕的生活，穷人感到尊严和平等，大家都有平安，一种良性的经济发展、族群文化和社会关系就要开始建立。一些不愿意在城市里生活的人，可以平等地、田园地生活在乡村。

你说我是在做梦呢，还是在写科幻小说呢？

关于“弱势”的认知

曹：有一点或许值得探讨。在当前社会，“农民工”与非农出身的工人相比有很大的差异么？

吉：在多年以前，还有一些明显可说的差异，但现在已经根本不具有差异的意义了。

曹：同城人群中其实也有强势和弱势群体。人们更多希望的不是平均，而是权利平等，规则公正，同样的机会，同等的标准。从这个角度看，农民工最弱势的方面是在哪里？毕竟现在已经是市场经济，市场中各种要素的流动应属正常。

吉：若权利平等、规则公正，那强势和弱势就不是问题了，如发达国家人之间也有强弱之分。这已经不是中国语境下的强势和弱势的事了。问题的实质不是强势和弱势，而是没有公正被弱势。衡量强势和弱势的标准应该是：权利平等和规则公正，来保障那些正当强势和愿意改变弱势的人的行为。一个社会，一个体制，如果能从制度上保障一个弱势的人也能行使出本身的权利，那么总体上就不存在弱势的问题了，起码“被弱势”不会存在。

农民工自身的弱势在于自有的力量未行出来。突出的问题是个体没有主体认识，群体没有阶级意识。自身处在农民工阶层，但却虚妄想着当老板来解决。人的作为上来讲，弱势与否在于自身，而不在于金钱上的多少或贫富。而且，有时恰恰是因为贫穷，反而是最有力量和最强势的。认识不到或自身无为，才是真正的弱势。如亿万富翁不愿施舍乞讨者一块钱，贫穷的人却给了一块钱，两者相比，亿万富翁就是弱势者。

他们最想的改变

曹：落户问题？这其实又不单是农民工面临的问题。外来白领、刚毕业的大学生同样面临。

吉：户籍不是农民工紧迫需要的问题，在解决劳资关系失衡问题以前，首先要解决农民工社会保障问题和工作权利问题。这些问题也是大学生（本科生和专科生）、中专生、技校生、高中生和初中生以及多数白领面临的同样问题，这也是为什么书籍在前言中写明，此书的读者群体为八部分群体，也是为什么说“大学生也是农民工”的现实写照。当下的社会状况和劳资关系，不但是大学生，很多人都是“我们都是农民工”。

首先解决社会保障、工作权利的意思是，有了社会保障，就不会被没有底线的资本压迫工作，资本就不会也不敢恣意而为，劳资关系就不会无底线的严重失衡。因为，有了基本工作权利（包括培训）和社会保障，劳动者就可以选择不接受资本的恣意而为和低工资，而可以选择失业方式（培训）提高自身技能，而且，因为有社会保障，所以，在失业期间可以保障生存，如此，资本因为受到就业人数和工作权利的制约，就不会不尊敬打工者，而只将打工者当作成本和生产资料来对待。

曹：城乡身份差异问题？渴望成为“城里人”？现在非农户口比农业户口有明显的优势么？转为城市户口还会丢掉农村的田地和宅基地。

吉：过去非农村户籍人的优势主要就是有工作和社会保障，现在一些人因生活所迫或下岗失去了原有保障也进城打工。其中一些人甚至比农村户籍的农民工状况更不如，因为，他们没有农地和宅基地的退路。何谈优势呢？这些人根本没有地，城市也得不到地，愿意许可这些人转为城市户籍吗？

如果在十年前，农民工以丢地进城换工作和社会保障，还是一个进步的话，那么，我们现在已经越过了好时机。现在，农村户籍农民工，在没有得到根本的社会保障之时，丢地进城，不但于解决农民工问题无益，反而会使农民工问题更加严重，并且影响三农问题的解决。此种情况之下，丢地进城风险太高。而且，一些80、90后的农民工，既没有务农经历也没有田地。

曹：你希望你做的事情给他们带来什么改变？要促成这些变化还缺什么？

吉：说明一些真实。将一种改变生活方式的可能，提供给有心人。

促成这些变化的前提，一是打工者个人自我一定要首先认识到自身所具有的力量，而不是坐着盼望别人的帮助或被给予的公平。打工者是人，不应被动成为被话语者，应当从自身内心发芽出做诚实人的力量。一切不公正的背后，人的道德力量、价值信仰是解决不公的根源，而不是索要加班费和欠薪的经济利益。二是在于打工者自身团结和组织能力的体现。三是社会力量的兴起可以促进这些变化。

曹：这本书能改变什么？你希望它有怎样的效果？

吉：很难改变什么，但它可以成为打工者认识问题的一扇门或一种说法，告诉一些实用信息，说明一些问题真相，指明一种方向，使某种改变成为可能。这种可能的发生，在于读者的自我判断和选择。愿书籍能在有心的打工者当中引起一些思考、讨论和辩论。

曹：媒体在这方面能做些什么？

吉：将打工者当作活生生的人看待和报道，给予打工者自话语、自言说的平等平台。

邝飚　图

前言

这本书的表现形式特色是“自教育、共言说”。特点是：实用性（实在可用）、方式性（具体方式方法）、道德性（为人价值观）和互动交流性（你可以对书籍进行评论及和编者电邮交流，并有可能出版发表）。

我的小自白

我的青春光阴多是在深圳打工度过的，多数时间处于困苦、无知和无能的状态。某一年的某一天，我发现了一个真实的世界向我展现，此后，永远的也不再为人是什么、应当如何行这个长期困惑的心魔感到痛苦了，至今记得当时的狂喜和痛悔。

我大约是三四岁开始记事。对父亲突出的记忆是，“文化大革命”时期，关起门在家里给他的儿子们讲革命真相和做人的道理。

父亲在我的眼里是伟大的，种地、盖房子、修自行车、杀猪、做家具和讲做人的道理都会都懂，百事不求人，左邻右舍都来寻求父亲的帮助。最神奇的是，父亲种地放猪出身，一天学没上过，大字不识一个，竟然在工友的教识下，三个月工余时间学会识字，通过了驾驶员考试，实现了他7岁时，在农田里干活时树立的第一个梦想；一定要开上汽车，脱离面朝黄土背朝天的贫困。父亲29岁时实现了第一个梦想。在“文化大革命”中期20世纪70年代时他向我们讲的第二个梦想是供儿子们考大学，父亲说：小子（指他的儿子们），不要跟你爸学，你爸没出息，是大老粗，没文化，你们要考大学，谁考上我都供。父亲生活在万恶的旧社会，一天书也没读过，不到50岁，就实现了人生的两个梦想，而我赶上了改革开放让一部分人先富起来的好时代，外出打工16年到今天，一个梦想也没实现，反而成了农民工。

父亲是我朴素的导师，他在我小时候教导我的话，每每在我成年的各种人生时期响起，使我直觉和自觉地警醒人生。记得父亲对他的儿子们说的印象最深的一句话是："做人要诚实。"30多岁以后，我才逐渐地明白一些，诚实的意思不仅仅是不说谎话。

阅读说明

这是一本既可以从头开始阅读，也可以从任意页翻阅的书。你可以每次看几页，也可以边读边记笔记，可以与人讨论交流，也可以按目录查找解决具体问题的方式方法，可以思考其中隐含的思想和价值，也可以将你的感受和看法用笔写成文章电邮给编者。编者吉峰可能将你的文章发表在后续出版的书籍中，详情见尾页"征文、征像片、征歌手、征作曲者"内容。

书名"蓝白仓库"的说明

蓝是蓝领的意思，蓝领是大量在制造业打工的群体，意指打工者。这个打工者的意思包括农民工，也包括身在蓝领群体当中的大学生打工者。实际上，有相当一些打工者的工作服装就是蓝色的。白是白领的意思，意指打工者，就是坐在办公室或写字楼里的打工者，实际上，不少白领就是穿着白色的衬衫上班的。这是"蓝白"的字面意思。仓库的意思是：仓库是打工者的仓库，仓库里面不但有解决打工问题的"工具"（只要你懂得使用），也有收获的"果实"（只要你懂得品尝）。"蓝白仓库"书名总体的意思就是：蓝领和白领打工问题的工具仓和果实仓。

劳资关系失衡，物价上涨，收入不增，生活质量下降，导致多数白领阶层的经济收入不但没有同蓝领拉开明显的距离，反而与蓝领趋同，甚至一些坐办公室的白领的收入还比不上打工时间长的蓝领，蓝领和白领之间的差异越来越小，而且，这种差异不仅仅是工资收入方面。所以，蓝领和白领的很多打工问题是相同的，并越来越具有更多相同的同类项问题。

你是打工者吗？你有打工的经历吗？你对打工有困惑吗？你想知道打工中的问题是什么问题吗？你想解决吗？你感到打工的不公吗？应该如何改变打工状况呢？到蓝白仓库里来吧！仓库里为你准备好了解决各种问题的工具和知识，就等着你使用呢。为你准备好了各种果实，就等着你用心品尝呢。请注意，请你再注意，使用和品尝是“动词”。

打工者名称的说明

本书中“打工者”这个词的定义包括蓝领、白领、农民工、外来工、劳务工、临时工、合同工、劳工、临聘人员、下岗人员、城市户籍失业者和大学生打工者。

多数情况下用“打工者（的）”和“农民工”这两个词来表述出门在外打工谋生的人，因为“农民工”这个词具有不可比拟的“特色”，特别需要说明的是，“打工者”和“农民工”这两个名词，使人感到具有歧视性，但没有比这两个词更能通俗、鲜明地反映出打工者的现实和真实。本书经常使用这两个词，不是因为认同这两个词，而是在现实语境下使读者容易理解。今年中央一号文件中也仍然在用“农民工”这个词，实际上，“农民工”这个词从20世纪90年代中后期开始的个性化定义，到现在已经具有了广泛的普遍意义，已经远远不是农民进城打工这么简单了。随着劳资关系失衡的严重性扩散和加深，相当数量的技校生、中专生和大学生被迫进入了打工者（农民工）阶层当中，事实上已经造成了“我们都是农民工（打工者）”，这也是本书针对八种群体读者的现实意义。八种群体分别是；

1. 打工者（农民工）。
2. 准备出外打工的初中和高中学生。
3. 身在学校的技校生、中专生、大学生和蚁族们。
4. 已经在公司（工厂）打工的人。
5. 具有城市户籍并下岗的国企和大集体工人。
6. 对打工感到困惑及寻求解决方法的人。
7. 企业管理人员。
8. 劳工组织和研究者。

大学生也是农民工？

每年有五六百万大学生进入社会开始工作，当中除了极少数幸运的和有门路的以外，多数的大学生愿不愿意都被动地成了打工者。因为打工的现实和劳资关系的现状，一些能得到就业机会的大学生只能拿到勉强生存的工资，而另一些大学生从毕业直接进入被迫失业状态。教育体制、社会保障缺失和劳资关系的现状使他们被迫成为了农民工，所以，大学生就是农民工，是事实上的打工者，成为了农民工群体的一部分。这种趋势越来越明显，大学生必须面对打工的问题，才能过真实的人生，成为“自教育”的成功者，而不是自我感觉良好（见大学生也是打工者和我们都是农民工主题文章）。

书籍主题结构说明

书籍中多数的主题文章，多为一个主题在一个页面写作完毕。为了简明、生动地说明问题并使读者便于阅读，多数页面结构分为五个部分，第一部分是主题名称，即问题名称，第二部分是点题说明，即如何认识问题或问题的意思是什么，第三部分是解决问题的具体方式方法，第四部分是漫画或故事，用以形象表现，第五部分是评论、小结或提醒。部分页面内容配了漫画、典故和幽默故事。一些漫画由吉峰创意，漫画作者帮助创作完成。引用的典故和参考书内容，在书的最后“参考书目”中有书名摘编。举例第37页页面结构示意图如下：

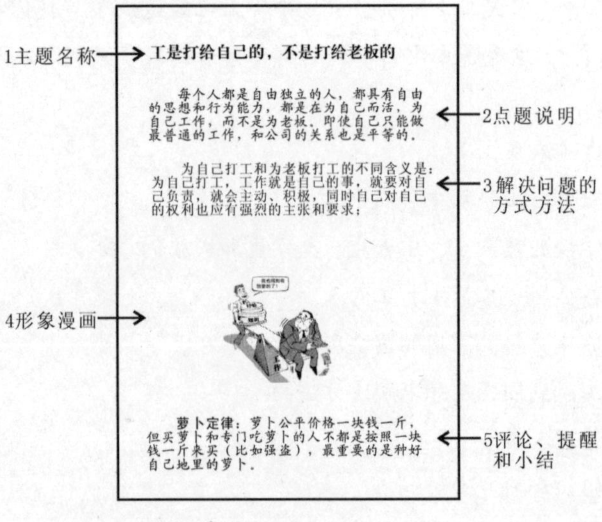

自教育、共言说

打工者是被淹没的一个群体，经常的“杰出”的表现是媒体报道当中“要钱（欠薪）”的形象，而作为人，具有鲜活生命的人的形象，却是空白，这种空白，比欠薪可怕多了。2.42亿打工群体当中，一些充满激情和梦想、一些本具有各种才华和能力的农民工，消失在本应有的表演舞台之前。只是因为贫穷，只是因为不被尊重，只是因为不平等。少有人以尊重的态度，倾听农民工声音。农民工难有自己说话的地方，常被他人演说着。

一个以亿为计量的人群，一直处在被诉说、被他说的状态，成了一个“失语”到群体、“失去”的群体和“听话（听别人讲）”的群体，这种“失语和听话”长此以往的后果是，个体丧失了自我意识，群体丧失了主体意识。最终导致打工者家庭崩溃、社会缺失和许多其他数不清的问题。也使可能的劳资关系不能建立。社会不应使农民工成为一个被动的“听话”的群体，而是应允许和尊重他们自己言讲自己，自己教育自己，因为，他们的事，首先是他们自己的事，其次，才是他人的事。自己不能言讲自己的事，全世界的人都言讲你的事也没有用。但你也不能只视自己的事为自己的事，别人也有责任说你的事，因为我们都是人，都在一个社会里、地球上，都彼此责任相关。所以，除了自言讲（自教育），还要有共言说。

自教育和共言说：自教育的意思包括自思想、自批评和自建设（自组织），简称自教育。书中的农民工作者自我教育（包括批评）的力度，超过共言说篇中的非农民工作者，其实，非农民工作者表现出的是善意，而不是批评，是“己有能，不（勿）自私”的体现。自批评，不是为了批评，也不是责备，而是着重于认识问题和解决问题的可能。自教育，使作为个体的农民工，首先要意识到并认识到自己是什么，然后，才能从发现自我而走向真实自我、实在自我、个体自我和群体的自我。个体的生命价值意识，是群体的主体意识基础，没有个体的主体意识，群体的主体既不可能也毫无意义。共言说的意思是由劳资关系相关方中的多方，从各自不同的角度和认识出发，共同言说农民工的事、劳资关系的事、社会建设的事，以使各方超越自身的局限和利益，站在更高的层次上，看待自己和他人，而后，才有群体可为大同可建的可能。

书籍篇章和内容

本书主要由打工状况、城市生活、个人发展三大部分组成，共分为九篇，分别为：

第一篇　打工篇

第二篇　工作篇

第三篇　个人事物篇

第四篇　城市功能（生活）篇

第五篇　人生发展篇

第六篇　性、恋爱、婚姻和家庭篇

第七篇　270个知识篇

第八篇　打工故事篇

第九篇　社会（劳资关系）共言说篇

本书内容包括很多打工的常见问题、熟视无睹的问题、表面看来很正常的问题和打工群体问题，也有通向人生终极的存在意义和为人的道德指引，但更多的是通过具体的方式方法，面对和解决生活及工作中遇到的问题，因为，打工者遇到各种事情和困惑，看书知道怎么办，才是最实在的、最紧迫的需求，而不是高深莫测的大道理。

前七篇除署名作者外，由吉峰写作。第八篇和第九篇，由约稿作者完成。其中第八篇打工故事篇内容，分别由来自河南、湖南、四川、广东、福建、云南户籍的打工作者写作，故事都是作者亲身经历的感人故事。第九篇社会（劳资关系）共言说篇内容，由政府部门、工会组织、企业、媒体、专家学者和社会知名人士共同写作。吉峰作为主编编辑了全书。

漫画创作：封面漫画由南都邝飚编辑（漫画脱吧作者）创作。第一次看他为书籍创作的封面漫画第一稿时，我眼泪几乎流下。漫画除署名外，由张建辉绘画，几位广州美院的学生，在本书上留有小作。

作者的身份界别：本书邀请的约稿作者界别和身份上体现了鲜明的共言说，共为十个界别，分别是；政府部门、工会、企业、学界、经济界、媒体、打工者（农民工）、大学生、白领和社会组织。

书的写作：编者邀请了茅老（茅于轼）、郭军部长、王同信副主席和曹轲总编辑为书籍写了序。其后是编者吉峰写的前言。篇的分类按打工事务顺序和书籍定位进行了设置，第一至七篇的主题内容，主要包括了打工者打工前需要准备的、打工中需要注意的和打工后应该反思学习的问题，其中有实用的、工具的、知识的、有趣的、幽默的、励志的、故事的、道德的和烦人的。最终指向了作为一个人，应该如何而行，应树立怎样的价值观和信仰终极的问题。第八篇是约稿作者亲身经历的打工故事，第九篇是社会各界人士对农民工和劳资关系共言说内容。每篇的最后，是对篇所做的总结，可以助力读者认识和思考篇的中心思想。最后部分是“征文、征像片、征歌手、征作曲者”、编者后记、名词解释和参考书目。书籍约15万字，其中吉峰写作了约11万字，24位约稿作者写了约4万字。

书的思想：本书首先是一本善意的书、知识的书和交流的书，其次是一本（打工）实用性、（做事）方式性、（为人）道德性的书籍，最后，希望是一本惊醒人心的书、呼唤的书、思想的书和行动的书，而不是“教育（训）人”的书（虽然有教育内容）。我不认为，“他人主观教育或教训人”可以使人接受或能改变人，除非这种教育来自人的自身。

“我们都是农民工（打工的）”：随着劳资关系失衡严重、失业的经常、大学生就业艰难、社会保障尚未建立，物价房价高涨和社会问题的叠加，太多的人被迫加入到了农民工（打工的）大军当中。农民工（打工）问题变成“我们都是农民工（打工的）”的问题，成了一个扩大化问题。“蚁族”就是证明之一（见“我们都是农民工”文章）。这也是本书为什么起名“蓝白仓库”的意思之一。

现在这个时代，只要有钱，出书是比当农民工还容易的事。没有钱想出书，那就很不容易了，若没有钱还想出一本好书，那就更加困难了。为了对得起自己，对得起这本书，也对得起读者和支持书籍的人，我用心写作了此书，相信有益于大家。初稿后，分别征求了相关领导、朋友和有识之士的修改意见，目的是为了博听而纠偏，以便在形式上、内容上和言辞上得到改善，达到本书的定位。其中一些建议，本书已经采纳并修改完毕，一些建议，没有接受。采纳和未接受的，都有益于本书写作完成。需要说明的是，书中没有专门的篇论说打工者维权内容，打工者维权的内容很重要，但因书籍定位和页数原因，难以容纳，有可能日后另行出版。

虽然我邀请了郑广怀博士帮助审核全书，但吉峰独自对全书负完全责任。

2011年5月30日　吉峰于深圳

目 录

三　个人事务篇 / 43

四　城市功能（生活）篇 / 61

五　人生发展篇 / 74

七　270个知识篇 / 129

八　打工故事篇 / 147

九　社会（劳资关系）共言说篇 / 184

一 打工篇

邝飚　图

打工者的定义

“蓝领”和“白领”这两个词，在书中多用打工者（的）、劳工、农民工指称。“打工者（农民工）”这个词，最能代表、最能反映出打工者（打工或打工的）的现实状况，所以，不能不对这个词作出专门的说明，以便大家理解“打工者”这个词的本质。

20世纪80年代，随着改革开放沿海城市工厂的兴起，打工仔、打工妹、打工的称呼，到90年代演变成了“农民工”一词。随后一段时期演化成多种同义不同名的称呼，如打工的、劳务工、外来工、临时工、临聘人员、合同工、蓝领、白领、农民工、员工、职员、工人、职工和劳动者等，这些特色的词语，在本书中都泛指一个意思，即离开家乡到城市（镇）打工的打工者、蓝领、白领和农民工。

我一直好奇地想知道，“农民工”这个词，是谁第一个使用的，当时他使用这个词时，是怀着一种怎样的想法，有什么样的背景故事。通过网络搜索和圈内人士咨询，没有找到确实的信息，大约是在90年代初期出现的。

农民工的定义是什么呢，列出以下三种说法供你评说：

一、既不是农民，也不是工人，就是农民工。

二、农村户籍的人到城市（镇）以务工谋生的就是农民工。但这种说法将一些非农户籍的劳务工、临时工、合同工、外来工等排除了，而这些人的政治权利、经济状况和农村户籍的农民工状况是一样的。甚至某种程度上还不如农民工，因为，城镇户籍的打工者在户籍家乡所在地，没有农业土地，他们不拥有农民工回家乡的务农退路。

三、凡是在城市工作和生活的外来务工人员，在政治权利、经济状况和工人或市民不具有同等权利和权益的劳动者，都是农民工。

有意思的是《现代汉语词典》第244页对“打工”这词的解释是：“做工的（多指临时的）”。对于打工群体来说，“临时”的意思是30年三代人。

劳动者名称简介：80年代改革以前，没有“农民工”这个词。我们的劳动体制，将劳动者分为脑力劳动者和体力劳动者，脑力劳动者就是做办公室的干部、管理人员，体力劳动者就是干活出苦力的。90年代后，大量的农民进城打工，出现了“农民工”一词，字面意思是指进城打工的农民。而农民工的实质情况是，进城务工干着和过去工人一样的活，但却得不着工人的工资福利和社会保障。工人是国家在改革前，在当时的劳动体制之下对劳动者的称呼。同农民工相比，工人是具有工作权利和社会福利保障地位的劳动者。

吉峰：从个人的感受或认识来看，你认为农民工的意思是什么呢？

大学生也是打工者（农民工）？

为什么说大学生也是农民工呢！

如果说在2000年以前，打工者是指农民工群体的话，那么，2000年以后，尤其是近几年，越来越多的大学生、中专生毕业后，事实上在生存状态、工资收入、工作权利和社会保障与农民工群体的打工境况几乎完全相同，与农民工一样没有根本保障，而且，一些大学生的就业状况，还不如一些农民工有保障，如大学生没有工厂需求的实际技能，没有工作经验，也不具有工厂基层的管理经验，同老农民工相比没有实操能力，同新农民工相比又难以从生产线普工岗位做起。这主要是我们的教育体制、社会保障制度和劳资关系失衡造成的。大学生虽然不占打工者当中农民工数量的主流，但大学生成为“农民工”是越来越明显的问题，成为了兜里揣着大学文凭的农民工。

所以，在一些大学生和农民工的打工状况同质的情况下，说大学生就是打工者（农民工），是现实状况，而不是贬义。

吉峰：大学生，学中之大学，社会之栋梁，精英之未来，民族之希望。打工登山路最前面的那个人呀，是头驴。

过去的天之骄子，现在成为打工的。出学校进社会，一个残酷的世界等待着你。但年轻有无限可能。可学有所成，也可咬牙在现实中杀出一条血路。不管怎样，都要有所作为，社会在你面前，家人期盼着你！

农民工群体状况

打工者群体中，农民工在数量上是最多的，所以，有必要将农民工的主要打工状况简单说清，以便大家自己衡量，外出打工要面对怎样的准备和思考。如下：

2011年3月14日，温家宝总理在两会记者招待会上说农民工的数量为2.42亿。以下根据全国总工会2010年发布的“关于新生代农民工问题的研究报告（全国范围。2010年6月21日《工人日报》和新华网报道）”、深圳市总工会2010年“新生代农民工生存状况调查（深圳范围）”报告，将打工者的情况摘编如下：

全国总工会调查数据

2009年，全国农民工总量为2.3亿，外出农民工数量为1.5亿，其中，16—30岁的占61.6%。平均年龄为23岁，初次外出务工80后平均为18岁，90后平均只有16—18岁。80%未婚，21—25岁之间的达到31.1%，仍以初中及以下文化程度为主，从事制造业、服务业、建筑业的比重分别为39.1%、25.5%和17.3%。89.4%的新生代农民工基本不会农活，37.9%的新生代农民工从来没有务工经验。认为自己是“农民”的占32.3%，认为自己是“工人/打工者”的占32.3%。享有养老、医疗、失业保险的比例分别为21.3%、34.8%和8.5%。69.7%的人表示迫切需要了解专业技能知识，54.7%的人表示需要学习法律知识，47.8%的人表示希望提升文化知识。劳动合同签订率61.6%，遭遇工资拖欠比例7.1%，人均拖欠工资1538.8元等。

深圳市总工会调查数据

性别：男性占46.8%，女性占53.2%。

年龄：平均年龄为27.6岁，新生代农民工为23.7岁。

婚姻：未婚占71.5%；已婚占27.8%。

教育：初中教育占33.7%，高中教育（中专/中技）占44.9%。

企业：从事加工制造业占50.6%，民营企业工作占48.1%，港资企业13.7%，国有企业11.4%，台资企业10.2%，欧美企业3.8%，日韩企业4.8%。

职位：生产线普工和服务行业服务员占52.4%，技术人员14.9%，办公室文员10.4%，生产线管理人员8.1%，部门经理以上的5.8%。每年平均更换工作0.63次。

加班：89.2%人加班。56%的人每月加班时间超过36小时。

工资：月平均收入为1838.6元。

回家：一年回家乡一次的占71%。

住宿：46.8%的人居住在公司集体宿舍（8个人上下铺一间房）。

务农：85.4%的人没有务农经历。

业余生活：57.1%的人业余上网。

婚恋：找对象要求人品好占63.5%，有共同的语言占52.9%。

创业：38.2%的人希望在一年中能够当老板。37.6%希望回家乡创业。

培训：55.9%的新生代农民工希望获得创业知识培训，73.8%需要职业技能培训，48.7%需要学历培训，38%需要劳动法培训，15.9%需要职业安全卫生知识培训，15.6%需要人文知识培训，11.6%需要生活知识培训。10.8%的人储蓄目的是为了自己的兄弟姐妹读书。

工会：工会组建率最高的企业类型是日资企业，占73.1%。

报告在最后总结说，打工者的主要问题有四个方面：（一）工资待遇低，面临着生存困境。（二）制度性歧视，形成发展困境。（三）身份认同危机，未来无方向感。（四）劳资关系失衡，没有话语权。

吉峰：数据是数据，真实是真实，有些事情不经受，就很难知道是什么滋味，遗憾的是还有些事情，即使经受了，也未必懂得和不再撞南墙。

这些干巴巴的数据中，包含着无数打工者鲜活生命的写照。农民工的问题多多，从群体自身来讲首先要靠自己。打工者自身可以首先从个人主观反思开始，通过主观可以认知客观世界，而不是客观改变人。历史是人造成的，也可以并应该由人来解决。

打工准备

离家外出打工前需要做些准备，外面打工的世界和你家里的感觉相差得很远、很远和很远。

心理和思想准备：准备承受委屈、劳累、危险、无人关心和不受尊重。

生活环境准备：一星期工作五天（或六天）每天10个小时工作，被人管、没人关心、累、没意思、吃得差、不自由、8个人同住一间上下铺宿舍、病假事假及不上班要请假和挣钱少不够花等等。

经验准备：不是只有自己亲身经历了，才能获得经验，只要你虚心，也可以从他人身上获得经验。比如听取自己的父辈和亲人、邻居、同学和老乡打工经验的讲述。他们的经验，是用生命光阴换来的，用他们的教训，获得自我教育和准备，可提前减少想象预期。若不重视，就是自己的肤浅。还可以从网络、电视和报纸当中获得相关信息。

信息准备：在谷歌搜索（99度他哥会屏蔽很多真实信息）上输入“打工的”、“农民工”、”欠薪“和”停工“等关键词，你可以了解到本书中没有说到的信息。

技能准备：问自己有什么样的工作技能，如办公软件、图像制作软件、文件写作、技术资格证书、实际工作经验和实操能力，如果没有，可先学门手艺再外出打工不迟。

生活准备：你要住宿舍或住出租屋，吃小摊盒饭或饭堂伙食，饭菜当中的油和肉，是很难让人放心吃得下的，穿工服，用假冒伪劣但价格也不一定低的日用品，干什么都要花钱，回家买票很困难，还有你不喜欢又必须相处的人。

中专生、技校生和大学生的准备：首先，一定要在学校学习期间，将课本上的知识和实际技能扎实地学到手，学业决不能空虚。你若在校混日子，以后就很难有专注的精神和时间专门学习了，等于是浪费大好生命光阴。其次，必须在校期间就真正进入到社会实习6个月或以上的时间（读万卷书不如行千里路），实习是进入社会工作前最好的经历准备。最后，你是具有文化的学生，必须在学校就要懂得如何说话，如何倾听，如何与人相处，养成健康生活方式，言谈举止习惯为好素质，树立正确的人生观，为人生诚实、正当行走做好准备。

当然了，各种各样的骗子也在等待着你。

最后还要知道，尤其是刚开始进入社会工作时，具有做人做事的正确态度，在工作初期阶段，远远重要于你的学历和实际能力。

张建辉　图

吉峰：农民工每星期多数晚上要加班。大学生经常加班，没有加班费。不要自以为是人才，才能少受心理打击，承受不公极至可能的改造世界。过去有首老歌，用在打工前的准备上，比较实用，歌词是："准备好了吗，时刻准备着，我们是世界工厂接班人……"

看厂名识工厂（公司）

公司（工厂）是商业组织，目的是为了赚钱。工厂有很多性质和类型，可根据厂名了解一些工厂的表面情况。

工厂有多种，如：美资（美国）、港资（香港）、台资（台湾）、国企（国有企业）、私营（私人老板）、日资（日本）、韩资（韩国）等。以上除了国企和私营企业外，都属于外商投资企业，简称外资企业（工厂营业执照上有详细准确的信息）。怎么看工厂的名称呢？

厂名中间带“（）”括号的，就是外资企业。举例：张三电子设备制造（深圳）有限公司，这个厂名中间就有括号，那么，这个厂就是外资厂，也就是外商到大陆来投资的厂。

用繁体字书写厂名或文件的，多是台资或港资企业。

厂名的开头不写中国、某某省、某某市，而直接是公司（工厂）名的，或者是外文字母开头的，多是外资企业。如：IBM中国有限公司。

厂名中写明“股份有限”公司的，意思是由两个或两个以上的老板投资的，每个老板负责与其投资额相等的法律责任。

厂名中写明“无限责任”公司的，意思就是，一个老板“失踪了”，由另外的一个或几个老板负无限的或全部的责任。

厂名中写明“合伙”有限公司的，就是有两个或两个以上老板合伙开的工厂。

没有营业执照的工厂，一般来说就是黑工厂。常见的情况是，黑工厂的老板也姓“黑”。

吉峰：不同的工厂和公司有不同的特点，遗憾的是，这需要多年的打工生命光阴付出才知道。

行政人事部是干什么的

公司或工厂有一个部门管理打工者的工资、奖罚和人事关系，这个部门就是行政人事部。现将行政人事部的职责和内容情况，介绍给大家，使大家知道行政人事部的工作内容和处理员工关系的大概程序，方便大家同行政人事部打交道：

行政人事部的名称：因企业性质、管理文化、规模和制度的不同，管理员工的部门多种多样，如人事部、人力资源部、总务部、行政部、综合管理部或行政人事部等，这里统称为行政人事部。规模小的公司，多数的是将行政部和人事部合在一起为一个部门。大型企业或正规化企业，会将人力资源部和行政分别设置为独立的部门，而且，还会单独成立保安部。

员工的奖罚由哪个部门处理：小企业多是由一个部门，如行政人事部，因为，本来是就一个部门来管理的，大企业主要是由行政部处理。

管理员工的规章制度是由哪个部门制定的：小公司多是由行政人事部制定，大企业多是由行政部制定。同时，一些企业因为管理不正规，主管生产的厂长或生产部门都存在着制定规章制度和处理（罚）员工关系的常见情况，情况比较复杂。

人力资源部是干什么的：人员招聘、辞退和绩效考核（小企业会明显不同）。

人力资源部和行政部性质上有什么不同：两个不同职责的部门。人力资源部负责人员的招聘、绩效和管理。行政部负责公司的行政管理，内容包括公章、车辆的管理，会议的召集，工作时间和秩序管理、对外事务的处理，如政府部门事务。

工资是由哪个部门计算的呢：多是由人力资源部的人事文员根据考勤记录进行计算后，交给财务部门审核发放，一些因生产变化而发生的加班应急或漏打卡的员工考勤记录，由各生产部门的文员将补卡单转给人事文员人工补卡，从而根据打卡记录计算出每个人的工资。一些大企业则由行政部专门的文员负责。一些非正规小企业直接由财务部人员核算发放。

处罚员工的程序和概况：一般来讲，公司保安或生产部门的管理人员，将某个员工的违反管理规定情况，报告给行政人事部或生产部门管理人员，生产部门或行政人事部根据“规定”作出处罚决定，处罚通知以口头或纸张张贴到公告栏的方式通告。有些公司，不允许生产部门私自或单独作出处罚员工的决定，而是规定由生产部门将员工的违反规定的行为，上报给行政人事部，由行政人事部调查后，根据公司规定再作出处理。这是一种比较规范的方式。一些规范企业，设置了员工投诉机制，员工若认为处罚不公，可以越过处罚部门向上投诉。这是公司用以监督处罚部门的机制设置，是尊重员工的表现，是打工者可以使用的方式。

保安是干什么的：一些规范化的企业保安，履行的是保护生产秩序和公司财产安全的正当职责。一些违法的企业行政人事部和保安，办事没有规则，随老板个人心愿任意而为，按老板的要求或为了讨好老板，违法对待员工，甚至变成了老板的个人打手。不公正地行使职责，把心思专门用在压制员工、剥削工资、违法处罚和打击员工上，玷污了保安和行政人事部的形象。

吉峰：不同的公司管理方式不尽相同，以上内容只是简单大概地向大家说明，而不是说就是肯定的或绝对的。

十项权利要牢记

小时候听我爸爸说“秀才不出门，遍知天下闻”，感到好奇又怀疑，心想：不出门怎么能知道天下事呢？长大后才逐渐明白一点。但是为什么没听过去的秀才说过今天打工者的处境呢？这证明过去的秀才还不是真秀才，或者只是“读书秀才”而不是“行动秀才”。

即使不出门经受打工经历，人也有很多权利。出门在外的打工者起码应该知道以下十项基本权利，以保护自己，避免受骗和受到过分伤害。

1. 签订劳动合同权利。

2. 按时取得工资权利（不要相信什么农民工司令之类的话，替你保存工资，为农民工好的骗人说法）。

3. 社会养老保险权利。

4. 医疗保险权利。

5. 工伤保险权利。

6. 安全培训权利。

7. 获得劳动保护权利。

8. 拒绝危险环境工作权利。

9. 组织成立工会权利。

10. 自愿加班权利。

吉峰： 其实，一个叫马克思的“德国秀才”很早以前就一针见血地说过农民工打工的事，只是当时也惘然，现在很多人不读他的书了。

什么是工作

什么是工作？为什么找工作？不找工作不可以生活得很好吗？可以，但这涉及生活方式的问题，如自己拥有土地，不用找工作，以淳朴的田园生活为生活方式，多好呀，这也是我心中的梦想。你告诉我在哪里，怎么实现呢？

人类历史发展到今天，工作已经成为人谋生的必需方式，对于绝大多数的人来讲，找工作才能生存和生活，才能养家糊口。工作解决生存问题，带给人可能的生活，有了工作，才能真正接触社会的方方面面，可能实现人生梦想，并认识有趣的人和发现真实的事物。工作是人的权利，因为人肩负着管理世界的责任。对成家立业的人来讲，工作不但是生活保障。还担负着孝敬长辈、保障家庭和养育儿女的重担。所以，人多在找工作或工作着。明白工作责任的含义，你就要尽早懂得尊重工作，好好工作，做好工作，为自己的人生打下坚实的基础，应当在学生阶段就认识到工作的重要性，免走回头路。

张建辉　图

《国际歌》：从来就没有什么救世主，也不靠神仙皇帝。要创造人类的幸福，全靠我们自己！

上哪里找工作

当下时代，全国到处是所谓的经济热潮，特征就是城市化建设。工作机会最多的是城市（包括城镇），在城市最容易找到工作。与1978年改革开放前相比，中国城市工作人口数量已经多出了约3亿人，以后会继续增多而不会减少。城市当中哪里容易找工作呢？

1．工业区所在地：劳动密集型的制造业工厂是最需要打工者的，50％以上的打工者都在制造业工厂中打工。工作机会最多的地方是城市郊外的工业区、工厂所在地。直接到工业区和工厂集中所在地，看工业区附近的招聘信息栏，或看厂家贴在门口的招人广告，有的工厂允许应聘者进厂查看厂房和宿舍环境，并可直接向工厂招聘人员了解相关信息（了解后再做决定不迟）。市里服务行业所占比重大。需要的多是服务行业职位，可根据个人的具体情况，寻找不同的工作机会。

2．网上方式：一些人力资源网站和人才电子市场，会经常发布招聘信息。这种方式简便，有的在老家就可以应聘。

3．报纸招聘广告：会经常刊登一些企业直接招聘的广告。

4．招聘市场：发布企业招人信息，免费向打工者提供找工作的人力资源市场。

吉峰：凡是说收押金才给介绍工作的多是欺骗。收押金并押身份证的职业介绍所和工厂，多是违法和欺骗。遇到收钱才给介绍工作的职业介绍所或招人工厂，你可扭头就走，根本不必尝试受骗，尤其是马路边上的招聘摊子。

怎么找工作

现将现实中的几种找工作方式比较如下：

1. 听说方式（道听途说）：听村里人说，某个城市好找工作，或听说某个工作挣钱多，所以便坐车去到那个城市找工作了，这种方式不太靠谱。

2. 老乡介绍方式：有老乡介绍，便到了老乡所在的工厂或工业区其他的工厂上班，这种方式是比较安稳，可以先站稳脚跟，干一阶段了解一些打工情况再作他想。

3. 关系介绍：出外工作久了，有老乡或朋友当了某厂的管理人员，身边便跟着一群老乡、老部下，大家互相照应，弊病是容易搞成小圈子习气，这也是为什么有些工厂限制同省籍打工者数量的原因之一。

4. 中介介绍：大量的学生工，被学校和中介组织联合组织到“工厂实习”，这种方式的唯一“好处”可能是实习，用实习的代价当作了社会经验，这是一种有组织的、被动的找工作方式。一些学校和工厂及劳务派遣公司，合谋计算学生，利用学生实习的说法，获得廉价劳动力挣钱，对此学生们应多一个心眼。但若遇到大厂，正正规规的实习，学生们够用心，也能得到锻炼发展的机会。

5. 职业介绍所：职业介绍所的方式，一是国有免费的人力资源市场，市区两级多有设置，定期不定期地举办招聘会，属于国有企业，表现出的是政府部门就业的职能和公益性质；二是民办职业介绍所，属于私营老板个人投资办的介绍所，现在多以不收农民工费用的方式招揽找工作的人员，然后向用工工厂提供收费信息和职业介绍服务；三是遍布各处非正规的、无营业执照的“介绍所”，以免费介绍或押金的方式骗取钱财，风险大。

6. 有目的有准备地找：打工多年，有了某个工种的熟练经验，不满足从事的只是一份工作，利用工作机会和工余之时，用心学习掌握某种职业技能，有目的地寻找自己有兴趣、有优势的职位，最后凭经验、技能和资历，获得一份理想工作。

有目的有准备的找工作，让自己掌握打工生涯，而不是随波逐流。

吉峰：把握遇到的或现有的机会比到处找工作更现实、更有发展，而不是教条地依靠某一种方式。

农民工司令是披着羊皮的狼

所谓的劳务派遣，是劳务公司专门招人但公司本身不用人，而将所招的人派遣到另外的公司工作的方式。一些公司利用派遣，逃避法律义务榨取更多的人工利润。2008年，全国人大在劳动用工检查中发现，由劳务公司派到企业工作的人员，其工资、保险等很多权益得不到保障。

“劳务派遣”是问题多多的用工方式，表面合法，实际和人口贩子差不多。要高度警惕打着“包吃包住包工作”之类的劳务派遣公司，更不要相信什么农民工司令之类的好心人帮你找工作的说法。劳务派遣公司招人只是为了靠“贩卖人口挣钱”，而罔顾打工者的权利。

举例：有个所谓的“农民工司令”打着为农民工谋幸福的旗号，自己开轿车、住别墅，却不按照法律规定给员工购买社会保险，严重侵害打工者的权益。这样的“农民工司令”，其实就是披着羊皮的狼，比血汗老板和周扒皮还可恶。建议大家不要通过劳务派遣公司找工作，以免严重影响自己的权益。

另据媒体公开报道。2011年2月，全国总工会已将完整的“国内劳务派遣调研报告”上报至全国人大法工委，报告建议修改《劳动合同法》相关“劳务派遣”内容。全国总工会的官员说“劳务派遣已经完全变味了”。人保部已开始着手制定《劳务派遣条例》，以弥补《劳动合同法》此方面内容的“不足”。修改后的《劳动合同法》将会对劳务派遣的条款进行限制和调整，一些“贩卖人口”的违法劳务派遣公司，挣钱的好日子要到头了。

张建辉　图

吉峰：劳务派遣是羊皮。农民工司令是披着羊皮的狼。

找什么样的工作

什么样的工作并不重要，重要的是工作的方式。找工作以前，自己要对工作有一些认识，以便具体和全面地考虑。

有兴趣的：自己有兴趣的工作，才会愿意干，才可能干得好。

有优势的：有优势就会干得熟练、受重视，发展机会就大。

工作安稳的：收入不高，但工作和环境都稳定，可以干上一段时间，一方面稳定，一方面可以观察和了解打工状况，为下一个工作机会铺路。

干得长久的：干的时间长，不但有一份工资收入稳定生存，掌握技能，还可以熟识行业的各种行情，为自己的职业规划或小老板事业打基础。

有保障的：钱不多，职位也不高，但工作不辛苦，加班时间不多，工资、休假和工余时间有保障，能照顾家，也有时间自学和提升。

能学到东西的：工资不多，但能学到东西，掌握一技之长，是实在的收获。

吉峰：因受打工现实影响，很难由打工者自己根据自身兴趣和愿望决定想要的工作岗位。但若没有经济的压力，就可以按照自己的意愿持续寻找机会，坚决做自己感兴趣的。条件不足的就不强求，可以先做一份工作，骑驴找马。

大公司和小公司的比较

大公司大，就好吗？小公司小，就不好吗？

总体的情况是，大公司正规化管理常见一些，各种事务管理上具有规范性，但这种规范性不能说就比小公司好。公司大，人员多，管理人员基本固化，人才难以显现或得到足够重视。小公司管理上更多是靠人来管理，而不是靠制度，人员流动快，人的管理方式变化也快，有时难以让人适应，但因为公司小，人员相对容易认识和熟识，利于人才突出表现，有时更具发展和上升的空间。但多数小公司因管理上的混乱，把公司政治搞得也混乱了。一句话，公司大小，各有利弊和不同。可以根据职业不同阶段状况或者具体打工情况进行选择和把握。

张建辉　图

吉峰：公司大小不决定个人绝对发展，关键是能否受到尊重、得到信任或有没有发展空间。

如何写简历

简历是用人单位在没有见到应聘者之前，对找工作之人的书面认识过程，所以，为了尽可能地获得应聘的机会，提高求职成功率，首先要重视简历的书写。事项如下：

诚实：诚实不撒谎，不要向什么“打工皇帝”学习，提供什么“西太平洋博士”的假文凭。

介绍家庭：介绍一下自己的家庭状况，或爸爸妈妈教导自己的一句话，可能会给你带来意外的竞争力。

突出重点：突出自己擅长的经验或长处，会让人印象深刻。

工作的态度：表达做事认真负责和为人的态度，会让人感到放心可靠。

简练简单：文字一定要尽可能地简练，最好不要超过一张A4纸的内容，没有人愿看长篇大论的简历。有固定性格式和内容要求的，按要求填写。但可以附上个人附件。

简历样式：可试试手写简历，会让人有别样的感觉，但字迹要清晰。女性不要附写真照片，以免弄巧成拙或自投罗网。

吉峰：同行业并相同的岗位，因公司管理文化制度的不同，所以，对相同的职位要求有不同，仔细看招聘广告对招聘职位的重点要求什么，有针对性地写简历。但不要过分夸张。

面试注意事项

简历写得再好，获得的应聘机会再多，面试时心不在焉或吊儿郎当，也是白费功夫。注意事项如下：

1. 按约定的面试时间提前10分钟到达。

2. 着装整洁，不要奇装异服，女性不要大面积暴露。

3. 将手机调到无声的状态，不要当着面试人员的面接电话。

4. 直截了当地回答面试人员所提的问题，若没听清楚就再问一遍。

5. 坐姿端庄，不要歪着身子，等面试的时候不玩手机也不打电话。

6. 事先刷牙，驱除口腔异味，事先不抽烟，也不要在等候面试时抽烟，即使你面前有烟灰缸。最好在去面试的路上嚼一块香口胶，但要记得到了面试的公司时取出。

7. 做好准备，事先默想好自己在简历上写的内容。准备几个应聘岗位的工作内容，重要职位的还要预备一些具有挑战性的问题。

8. 不知道的问题，就回答“不知道”，不要不懂装懂或自我辩解。

吉峰：遇到收钱（收押金）和押身份证的面试公司，你可扭头就走，不必浪费时间。

学会用语言介绍自己

长大成人，参加工作，就必须和人和社会打交道，语言表达是基本能力。如果没有天赋，语言上也可以后天锻炼的，具体方法如下：

自我介绍：写好一段固定的自我介绍内容，背诵下来，在社交场合上介绍自己。适应当众说话后，就可以说不同的内容了。

观点表达：思考好自己对工作态度、生活方式、喜欢的事或读一本书的观点，然后在不同的场合进行语言表达，既可以锻炼自己的语言表达能力，又可以交朋友，还可以在适当的时机表现自己的同时，获得上级和同事的赏识。

讲故事讲段子：将看到的笑话、故事记下来，多口说练习几次，及至达到你满意的效果，然后在大家吃饭或聚会的时候，绘声绘色地演讲出来，既可以锻炼语言表达，又可以逗大家笑，如此的收获可不单是语言能力表达的方面。

演讲主题：自拟一个自己喜欢的或深有体会的演讲主题，用文字书写一篇短文，无人时反复演讲并用录音机录下来，自己回放检讨，或让自己的好朋友帮助指正。这种方式可大大增长自己的知识、自信和能力！

锻炼方式：在工作中或生活中，事先打好腹稿，当众发言锻炼。

朗诵阅读：经常朗诵自己喜欢的文章、故事、诗歌，并朗诵给工友同事听，获得同事喜欢的同时，得到语言表达能力的提高。

张建辉　图

吉峰：说得清楚和适宜，容易得信任和重视。会说，讨人喜欢。说得花俏、献媚得宠，让人瞧不起。搬弄是非、传瞎话，有损信誉和人品。

职业安全

周国银
安全工程师，
社会责任在线
顾问

安全真的是第一

大家离开家乡出外打工，多怀着美好愿望，有人要做大老板，有人要赚大钱，有人要实现人生价值。但若发生工伤或其他意外事故，轻者受伤，重者丧失劳动能力，终身残疾甚至生活不能自理，梦想破灭，还给家人带来一辈子的经济负担。因此，胸怀大志的同时，首先重视安全。

别动咬人的机器

工作中会接触或使用的一些设备和设施，如电梯、冲压机、注塑机、切纸机、升降机和搅拌机等，有转动的轮子和皮带，若身体卷入，轻者造成手脚肢体压伤，重者可能切断手指甚至手臂。

据人力资源和社会保障部统计报告，2009年全国认定工伤人数95万人，因工死亡人数为16760人。另据媒体报道，某省每年有3万例的断指事故。

严防有毒物和化学品

在鞋厂、电子厂、化工厂、玩具厂、塑胶厂和电池厂工作，需要使用天那水、洗机水、正己烷、白电油、胶水、强酸和强碱等。这些有毒化学品往往有难闻的气味，它们经过呼吸道或者皮肤接触进入身体，过量接触会造成中毒，长期接触会造成职业病。

不做火中英雄

发现火灾立即通知管理人员，或者直接拨打火警电话119，逃离火场，不必做烈火中的英雄。

风险性高的企业

机械厂：车床、铣床、钻床、冲压机和切割机等高速旋转的机器，容易切断手指、手臂，或者将衣服卷入，造成严重伤害。

电子厂：经常用有毒化学品清洗电子元件，可能从皮肤或呼吸道进入人体造成中毒。

印刷厂：切纸机、压痕机或啤机，都是用来切纸张的，可能导致切断手指。

鞋厂：使用的胶水往往含有苯等有毒物质，长期皮肤接触或通过呼吸道进入人体，导致苯中毒造成肾衰竭或职业病。

化工厂：有大量易燃易爆或有毒有害化学品，火灾、爆炸、烧伤皮肤和中毒危险性高。

木制品厂等：木制品厂、家具厂、大理石厂、首饰厂等加工厂容易伤手，高分贝噪声会伤害听力，粉尘容易造成尘肺和呼吸道疾病，通风不畅的喷漆车间还容易造成化学品中毒。

建筑公司：高空坠落事故是常见的事故，起重机械和搅拌机危险性高。

工作安全受法律保护，根据相关法律，劳动者有以下权利

工作权利

知情权、岗前培训权、安全防护用品权、拒绝违章指挥权、紧急避险权。

部分法律规定

《劳动法》第五十五条规定：从事特种作业的劳动者必须经过专门培训并取得特种作业资格。

《企业职工劳动安全卫生教育管理规定》第五条规定：企业新职工上岗前必须进行厂级、车间级、班组级三级安全教育，三级安全教育时间不得少于40小时。

《特种作业人员安全技术培训考核管理办法》第三条规定：本办法所称特种作业人员，是指容易发生人员伤亡事故，对操作者本人、他人及周围设施的安全有重大危害的作业。特种作业包括：

（一）电工作业；

（二）金属焊接切割作业；

（三）起重机械（含）电梯作业；

（四）企业内机动车辆驾驶；

（五）登高架设作业；

（六）锅炉作业（含水质化验）；

（七）压力容器操作；

（八）制冷作业；

（九）爆破作业；

（十）矿山通风作业；

（十一）矿山排风作业（含尾矿坝作业）；

（十二）其他。

《化学危险品安全管理条例》第十一条规定：生产和使用化学危险品的企业，应当根据化学危险品的种类、性能，设置相应的通风、防火、防爆、防毒、检测、报警、降温、防潮、避雷、防静电、隔离等安全措施。第十七条规定：生产、使用化学危险品时，必须有安全防护措施和用具。

新生代农民工生存状况调查报告：农民工的工作职业危害因素最大的是噪音过大或震动，占34.4%；其次是高温或者低温环境作业，占24.3%；粉尘占第三位，占16.9%；有毒化学物质占第四位，占15.5%。职业危害突出的行业是加工制造业和建筑行业。

深圳大学劳动法和社会保障法研究所和深圳市总工会2010年联合调查。

深圳大学劳动法和社会保障法研究所网站：http://www.szlaborlaw.org/

交通安全

周国银

据不完全统计，我国平均每天发生交通事故800起，死亡200多人。深圳每年因交通事故死亡的有600余人，其中劳务工占绝大多数（摘自《深圳市劳务工学法用法读本》）。

遵守交通规则不能保证不发生意外，但不遵守交通规则，发生意外的可能会更大。应在尽量遵守交通规则的情况下，注意保障安全。郊区和城乡接合部是交通状况最不安全的地方。汽车是没有感情的冷冰冰的机器，同机器争速度既无必要，也不明智，而后果是血的代价。

社会风险

吉 峰

户外风险：经常登山野外游玩的人，风险高。

被盗风险：宿舍不放现金，只随身携带几天的生活费用，以一个星期为宜。每月若有存钱，就将钱及时转回家乡亲人的卡上。电脑上的重要资料，可以储存到网络云端或邮箱当中，否则，一旦丢失损失惨重。

饮食安全风险：一日三餐，饮食风险是天天存在的风险，一些被动的风险无法杜绝，但主动的避免是可以做到一些的。见饮食主题。

交友风险：见“交友不慎风险猛与虎”主题。

吉峰：将打游戏的钱省下来，购买一份意外伤害商业保险，以备发生意外时，在经济上给自己和家人一份保障。

生病治疗

感冒未必就是病，只要不是细菌感染，就不要打点滴，更不要打抗生素，这是自我毁坏身体的健康，是很可怕的事。

不要一感冒，就去医院打点滴，更不要一感冒就打抗生素。即使感冒了，也不是危及生命的病，而感冒就用抗生素，除了价钱贵，医生高兴拿提成外，损害的是你身体的正常免疫力。小感冒就用抗生素打点滴，除了损害身体正常的免疫力外，等真的有病了，再打抗生素就很难起到应有的作用了。如果不是细菌感染绝不要打抗生素。只要体温不超过38.5摄氏度，多喝水，或增加敷冰袋（39摄氏度），自然就会降温并好转。

我个人的经验是，感冒不吃药，也不打点滴，大量喝水并休息，完全可以凭抵抗力自然治愈。十几年来一直如此。

吉峰：感冒挺难受的，多喝水多休息，利用这个时间看看书，反思一下自己的打工经历。这个时候若有他人关心问候你，就会感到很温暖。这个时候也可以提醒你，别人感冒或得病的时候，你也可以主动关心他人。

老乡圈、工友圈、同事圈

打工的人来自五湖四海，说着南腔北调，有着万般的脾气秉性，但有一点大家是共同的，那就是打工生活。要明白，住在一个宿舍里的人，天生或后生的有着共同的命运，互相尊重和团结吧。

人是社会动物，必然要和人打交道，人际关系交往圈代表着你的发展空间、信息渠道、人际资源的丰富，这也是人应该有的生活。要建立朋友圈，大家互相关心、共同帮扶，在外打工人员更应如此。

打工者最常接触的就是工友、同事、老乡和同学，大家有共同经历，身份相当，情感相同，一定要好好珍惜，真心团结。可以从最简单的相互个人状况了解开始，然后交流各自的打工经历，讨论各自所遇到的相同问题，总结经验，最后形成共同的情感和思想，互相鼓励帮助，这是打工的财富和穷人的力量。

张建辉　图

王进喜：石油工人一声吼，地球也要抖三抖。

箴言：身边的穷人强过天边的富翁。

篇尾总结：在哪里？

出门打工以前，总觉得外面的社会挺新奇、挺好玩，不愿意在家听父母或在校听老师好好学习的教导，以为到外面打工，可以得自由，做成功赚钱的事，殊不知完全是两回事。

外出到城市打工，与在家乡和学校生活是两个截然不同的世界。不管你愿意与否，多数人都将面对这样的打工人生：从打工开始带着好奇和不知愁滋味，到在城市打工双眼里看到的高楼大厦，再到必然经历的失业、出租屋、工厂宿舍、没有尊严和经济难以自立的种种生存困苦和不公，你会感到，打工经历与你心中的梦想千差万别、非常遥远。心中可能感觉前途茫然、作为无力或行为堕落。人没有经受过的事，难有真实感。但更多的却是往往经历了，也未必有正确的认识。打工以前，珍惜地对待学校和家庭的教育。打工之中，逐步体会，反思各种问题，总结经验，提升自己。避免浑浑噩噩、无所谓地浪费了青春好光阴，才可能改变打工生活。

在这一切之后，没有被击倒和同化的人，有可能独立地站在这个社会上，成为一个自由的人，重新面对这个世界。这实际上是件残酷危险的事（也是人生的精彩之时），但这是现实。因为你已经走进了打工状态之中。

吉峰：以上打工篇的内容都是工具性的、技巧性的、技术性的，可能为你提供实用参考和建议。但是，改变打工的困苦和不公的根本，不是这些，也不在这里。

二 工作篇

找工作和换工作前考虑的几件事

如果，一直想着找一份好工作，生活才能好起来，那你一定是想错了。因为好工作不是想的，而是实际又实在地干出来的。

能不能挣到钱：钱是重要的现实考量，若能挣到钱，即使学不到东西，也可挣一笔钱后，专心去学习，但这样的好事好像很少有。

有没有发展前景：挣不到钱没关系，爸爸妈妈给钱花，只要学到知识，以后挣钱加倍地孝敬爸爸妈妈，也是大好事，只要有发展空间就不怕。

可不可靠：钱挣不到，知识也学不到，还被骗了，就很不划算了。

是不是自己的兴趣：自己不喜欢的工作，勉强去做，做不好，挣不到钱，别人也不满意，没收获，还浪费时间。

是不是机会：如果是一次机会，就值得尝试或冒险，但一定要是机会，别什么都没了解清楚和落实，就急匆匆地辞了职，到了新岗位没几天就发现，原来还远不如老工作，那就惨了。但假如你有机会坐在真正管理职位上，管理着一摊或一个部门事务，即使做得不成功也大有裨益，因为，这种经验将为你以后获得成功打下锻炼基础，一旦遇到这种机会，切记一定要全力以赴，不可马虎大意。

能不能学到东西：挣不到钱，工作又累，这都不要紧，只要能学到知识，再苦再累都不怕，因为，知识就是以后的资本，攒够了资本，就必然可以提升自己的工作职位和发展空间了，只要能学到东西。

是否具有保障性：挣不到大钱，也学不到什么东西，工作也不轻松，该承受也要承受，因为你要生存，要养家糊口。毕竟拿一份工资也是必需的。否则，很难有人会帮你。

吉峰：如果以上的内容，你一项也得不到，建议你赶快以百米决赛的速度找工作或换工作，或者检讨一下是否是自身出了什么问题。

什么情况下辞职

是辞职，还是不辞职？这是打工者的问题。

不受重视：自己有能力，但不获公司赏识，公司只愿意把自己当作一个普通职员使用，不给机会做事情，或在一个职位上干了两年了，或职位已经做到了一定的级别了，已经很难再上升了等等。

工资太少：自己的付出长期超出所得，向公司提出涨薪要求而不获认可。

不受信任：所做的工作事情，本来是自己可以独立完成的，但公司不信任、不放权，经常受到干涉。

有更好的：已经找到了更好的工作机会。

学不到东西：工作内容千篇一律，单调乏味，无技术含量，更得不到培训学习机会。

管理混乱：公司内部管理混乱，人与人之间勾心斗角严重超出为人底线。

不受尊重：不受公司尊重，管理制度生硬，说真话、提意见反而会遭受打击报复，那就赶紧地找、赶快地辞。

吉峰：不单单以工资的多少作为辞职的决定。

如何辞职

该辞职的时候，如何辞职呢？

辞职的方式，很可能会影响你和公司之间的关系，甚至影响辞职手续和工资结算，无论是否继续在公司工作，没人想闹得不愉快。一些人在公司干的时间长了，对公司也有感情了，而公司也不希望人员流动率高，尤其是那些有能力、有技能的人才，一些辞职的提出，实际上是对工作职位和状态的不满意，而不是真的想辞职。所以，公司和个人都要处理好同意辞职和提出辞职之事。一些辞职的方式建议如下：

提薪辞职法：提出增加工资要求，增加工资的幅度使你决定不辞职了。

升职辞职法：提出升职的要求，升职的职位是你自信有能力胜任的。

实话实说法：和公司或老板相处得不错，已经建立了信任，那就应该实话实说，说出辞职的真实原因。有时公司会重新考量你的价值，可能会答应或提高你的职位和待遇，这样的话，就是双赢的结果。注意，这样的事少有。

直截了当法：如果确实要辞职，也应该辞职，并且已经做了辞职的准备，那么直截了当地提出辞职就是一种选择。

借机辞职法：早有辞职之心和准备，便可以选择一个合适时机提出，如回老家、生孩子、盖房子等等。

吉峰：辞职是大事，须慎重考虑，把你的实际情况说给亲朋好友们，不妨听听他们的意见再做决定不迟。

怎么提出涨工资的要求

又想涨工资，又担心产生某种后果，怎么办？

委婉提：向公司说，隔壁的某某公司的这个职位是多少工资、人才市场正在招聘的是多少工资，对方就会明白，你要求涨工资的意思。此招也是投石问路的提法，可以先测试公司的反应是怎样的，然后再决定提不提或怎么提。

直接提：说明自己为公司承担的工作量和责任，直截了当地提出。

他人帮提：让某部门的人员帮着提出，是现实可行的招法，这样不但多了一个帮手，而且还可以给公司一个考虑和进退的空间，避免被直接拒绝后的双方不适。

借机提：借用某种适当机会提出，如帮公司干成了一件事，接了一个订单，干完了一项工程，解决了一个困难等。

主动承担地提：主动要求承担一项有困难的工作，完成后提出。此招有可能的两种后果是，工作完成，你不提，公司也会考虑给你涨工资。完不成可能就没得提了。也可称为主动表现提法。

给别人提：向公司提出建议说；张三有能力、有水平、工作出色、认真负责，建议给予涨薪多少，然后看公司反应，如果提了，那么，你也就可能提了。

辞职提：提出辞职，公司若想留你，自然会挽留你或提出涨工资，但要做好辞职的准备。这种方式最有效，但也要保守使用，免得既不挽留，也不给涨工资，而是同意你辞职走人了。

吉峰：因为公司内部不同关系和状况，向不同的部门、不同的部门人员提出，会有不同的结果。提出涨工资的要求时，要考虑向谁提出，在什么场合提出，以什么方式提出。

车间工友相处

工友之间，一定要在意识上、态度上，主动地互相关怀。大家都是命运相同的人，同类人要互相关心。

工作时间紧张，工厂不让上班时在生产线上说话，不适宜聊私人的事情，但工作上的事还是要说的，不同的岗位工作内容交接时，相互配合，说清楚工作内容。工作上出现了失误和错误，不要互相指责和埋怨，而要敢于承担责任。

给工友和管理人员留下不逃避、敢于负责的印象，既可以得到工友的好感，有益于职位发展，也有利于群体之间的团结。

张建辉　图

吉峰： 工余时间是个自由放松的时间，可以好好利用，结交你喜欢的人、诚实的人、有胆量的人、有个性的人，可以组织谈得来的人一起聚会或讨论人生意义。这不但能促进人之间的感情，还可以互相团结和有困难时互相帮助。

工作上如何表现自己

工作过程，其实就是展现一个人的为人如何，将人的作为自然得当地体现，有时，一些人在内心会尊重你。注意，是内心而未必是公开承认。

做好本职工作是表现自己能力和为人的最好方式。

讲话时，要将所要说的事，说得清楚，说得完整，避免前言不搭后语。

保持一贯的工作作风，做事不情绪化。

专注，同事讲话时，注意倾听和注视。

做事有活力，而不是有气无力。

始终保持着一种工作特色，比如认真、持之以恒，会获得信任。

做事有条理，想好了再做，不手忙脚乱。

不懂就问清楚，不怕别人瞧不起，时间长了，同事就会赞赏你的作风。

着装整洁、朴素，不用费心在外表的美容上。

敢于承认不是，有问题是由自己的疏忽造成的，就直爽承认。

关心和尊重他人，发生过分的事情，公开地说句公道话。

吉峰：不必工于心计琢磨如何表现，将工作做好就是最好的表现。

工作态度和工作职位的关系

工作态度影响工作职位和发展空间，根据不同公司的文化，有时对工作态度的表现甚至会超过对员工能力的要求。

不要太在意领导的个性严肃、作风强硬之类的感觉，将重点放在把工作内容做好的方面上，不将对某人的性格不适应的情绪化，带到工作中。因为你是成年人，大家之间是同事而非情感关系，你不能要求同事必须照顾你，必须按你的方式和你说话，否则，会严重影响你的工作稳定性和职业发展，甚至是人生态度。

处理工作是否得当，一个是在于对待工作的态度上，一个是在工作的处理方式上，具体分工作职位性质、职务和事情的不同而不同。尤其对管理人员来讲，处理事情可参考如下说法，以下意见排序是从蓝领向白领和管理人员过渡的；

1. 态度是否真诚。
2. 面对问题时是否诚实。
3. 是否是就事论事。
4. 是为了解决问题，还是针对人。
5. 是为了将事情处理好，还是为了个人利益或部门利益。
6. 是真的为了公司好，还是为了借机打压得势。
7. 处理上是否公正，程序是否合理合规。
8. 是从制度上着手解决问题，还是单单处理事情本身。

吉峰：说到底还是做人的问题。

测试在公司发展空间的招法

每个公司或工厂，都有不同的文化或不良之气。根据不同情况，打工者可以采用雕虫小技或小试牛刀，用以试验自己在公司发展的空间，或检验公司领导的真实思想和管理层权威究竟是怎样的。

提建议：针对公司时弊，提出改善建议。如果你够自信，就可以根据公司对你的建议做出的反应，看出你是否受重视，或者有没有发展的可能。

主动表现：自己主动要求或建议承担一项具有挑战性的任务，检验公司是否信任或给予机会。

请长假：以小事的理由请长假，如果公司真的答应了你的长假，那么，你就要考虑赶紧找工作了。

突出个人能力：以可行的方式、态度和韧性，而不是以强硬的方式，将自己负责的工作进行提升，看公司或自己的部门对自己的反应，就能看到自己的发展空间。

处罚不良者：根据公司规章制度，在已经规定自己具有的权力范围内，不同领导商量的情况下，处罚“某个常犯错误的员工”，看公司能否给予正当理解和支持（但不要动作太大，以免伤及自身）。

承诺履行：对公司或老板答应的事，要求兑现，看公司说话是否算数。

要求涨工资：这招简单、实用、有效。

辞职：这招可要慎用，难有回头草！

吉峰：不必在短时间内，凭一件事断定自己在公司的好或坏，中国公司整体上还处在初级阶段，根基上还不具备对人事关系作出正当的体制或正确反应。也不必为了追求完全的公正而要求公司。小试牛刀是件危险的事，慎重。

工是打给自己的，不是打给老板的

每个人都是自由独立的人，都具有自由的思想和行为能力，都是在为自己而活，为自己工作，而不是为老板。即使自己只能做最普通的工作，和公司的关系也是平等的。

为自己打工和为老板打工的不同含义是：为自己打工，工作就是自己的事，就要对自己负责，就会主动、积极，同时自己对自己的权利也应有强烈的主张和要求；为老板打工，就是把责任推给老板，工作就是老板的事，就会被动和消极，甚至对工作不负责任，从而失去积极和负责任的人生，这对个人的职业发展和整个人生生活都非常有害，切记！

张建辉　图

萝卜定律：萝卜公平价格一块钱一斤，但买萝卜和专门吃萝卜的人不都是按照一块钱一斤来买（比如强盗），最重要的是种好自己地里的萝卜。

职业的蓝道德和白道德

一个人，一个身在企业工作的人，即使在不如意的工作状况下，也要表现出起码的职业道德，俗话说，“拿了人家的钱，就要为人家办事”。根据工作职责不同，蓝领的职业道德和白领的职业道德各有重点，我说如下，你看哪一条是蓝道德，哪一条是白道德。

接受正常工作安排。

发现问题，主动说明。

老板在与不在一个样。

当面和背后，都是一套。

日常工作内容，认真做好。

不故意造成公司财产损失。

不搞小圈子，不破坏组织的团结。

工作一定是主动的，而不是被动的。

日常工作内容，不用要求主动按时做好。

出了错误不逃避，主动承认，敢于负责。

一定要有团队精神，同事相处与人为善。

说了的话，承诺的事，敢于承认，敢于承担。

管理职位的白领，要真心地为公司的利益说公正的话。

吉峰：请不要以为，具有或遵守某些职业道德，是为了老板、为了公司，或是站在老板或公司的角度考虑的。不是这样的，而是从人本身着想的，因为，职业道德的绝对基础是人的道德。

公司政治

愿意不愿意，你都离不开公司政治，无论你懂得政治，还是无知政治，无论你是在办公室里，还是在生产线上，有人的地方就有政治。什么是公司政治呢？关键在于你怎么定义政治，大概来说有两个意思：一是公司内部的权力和利益的分配关系；二是公司内的人际关系就是公司政治。

公司是个商业组织，有政治治理，实属正常，但我们刚处在手里只是有点钱而无德行的年代。公司政治不仅是公司政治，也可能严重影响人的道德、权利和自由，除了如何认识，关键是如何把握。一种可能的、正常的公司政治的形态是：将人尊重为人、以价值观为导向、清晰的制度规则、明确的权利和责任和敢于说真话的员工。但好像可能在天堂里，才会有这样的事。

公司政治的几种表现形式。家族政治：公司的主要管理人员是老板的亲属，没有规则，员工的一切行动，都以家族的言行和方式为准则。老板政治：即使是很简单很明确的事，在自己职责范围内的工作事务，也不敢去做，都要问老板，都听老板的说法。混乱政治：公司有很多总经理、副总经理和经理，谁也不敢做主说确定的话，但都振振有词，不干正事，员工不知所措，内部混乱。一言堂政治：老板态度强硬，有一套“老板哲学”，处处以教训人的口吻，“教育”员工这样那样，不管正确和错误，老板一个人说了算。人治政治：一些“聪明的老板”，不建立基本的企业管理制度，故意制造混乱，使公司各个部门和人员之间互相争斗，以便他自以为聪明地能控制人，有时打击这个部门（人），有时打击那个部门（人），好使自己成为公司政治的最高者，这是一些 “老板的性快感（变态性虐待）”。现代企业政治：这是所有类型当中相比最好的一种的公司政治形式，公司现代企业制度和组织管理结构清晰，部门和员工工作职责具体，日常和分内的事，各部门和员工可依规自动而为，一些员工对公司提意见、说真话，不会受到压制和打击。其他的还有台资政治、港资政治、日资政治、欧美政治、公司政治、工厂政治、大公司政治、小公司政治等类型。

如何看待：即使是非正常的公司政治，也不必一概鄙视漠之，因为我们已经生活在了这种政治当中，以积极、诚实的心态面对，是一种务实的选择。

白领的慎重：企业所有者、高管和白领，是公司政治的主角。企业高管改良公司政治的空间最大，白领群体数量最广泛。人需要工作，但工作不能以人性丧失为代价。一些所谓的高管和白领，不将能力和精力施展在公司制度、专业能力提升、企业经营和诚实为人上，而是热情地陷入不择手段、没有规则和底线的公司政治的泥潭里，淹没在物欲、权力和恶行当中。为了利益，主动作恶，甚至出卖肉体，充当打手，更不将蓝领阶层当人对待。

蓝领的知晓：蓝领相对远离公司政治中心点。要明白多数事情的背后，都有故意人为的，不同部门、不同管理人员的权力和利益之争。蓝领群体之间不要也不必陷入其中，相互之间的自我和睦团结，最有利于蓝领群体自身。

如何把握；在权利和利益斗争当中，以正当、公开和诚实的方式，体现公司政治。具体来说，新员工、老员工、管理层员工、执行层员工、技术人员和普通员工的情况各有不同的公司政治生态。建议以不伤害他人为前提的条件下，作为公司政治的底线。心怀诡诈、言行虚伪、搞小圈子、拉帮结派、不择手段的公司政治恶行，最终会害人害己。

吉峰：公司中权力最大的人，承担的公司政治责任也是最大的。每个人都是公司政治的承受者，但每个人也都是改良者、创新者和可能的革命者，关键在于你有什么样的人生价值观。人的道德认知决定公司政治。有什么样个人，就有什么样的公司政治；有什么样的公司政治，就有什么样的人。

篇尾总结：职业规划

避免盲目地找工作，决不能总是处在找工作的状态中。一定要有职业规划，否则浪费生命！先做一个1年规划，信心坚定或有条件的兄弟姐妹可以做3年、5年规划。做职业规划时，要将自己的知识、个人特长兴趣、环境条件和家庭情况结合起来做一个评估，然后再确定是否可行，不要强求，免得实现不了，浪费时间和金钱，自信心也会受影响。以下是模拟的一个职业规划示例，供参考。

现有的条件：阿芳在外打工两年时间，高中文化，现在做PMC（生产计划部）跟单文员一年时间，一星期上5天班，熟悉office办公软件，个人兴趣喜欢英语，性格开朗大方，语言表达能力出众，现月薪2500元（工厂包吃住）。

一年职业规划目标

目标是PMC计划员（属于主管级别，工资5000元）。

阿芳职业发展规划目标对比提升表

项目	业务知识		工作技能				对比
	物料知识	生产知识	办公软件	ERP软件	沟通跟催	英语	分数
（目标）计划员	100分	100分	100分	100分	50分	20分	470分
（阿芳）跟单文员	50分	50分	100分	50分	80分	30分	360分
目标差距	-50分	-50分	0	-50分	+30分	+10分	-110分
对比说明	阿芳与职业目标相差110分，但阿芳的沟通能力和英语的提升潜力大，通过一年的学习，既可以提升自己的长处（尤其是英语得到提高后，阿芳还可以陪同部门经理或公司总经理一起接待客户，优势将会明显），又可以弥补自己的短处，同时，因为可以利用上班时间（有工资保障和免费学习条件）提升业务技能的长处，所以，一年的规划的成功可行性高。						

职业规划学习说明

阿芳准备利用每天晚上和每星期六、日的休息时间学习英语，上班时间学习PMC计划主管业务。虽然阿芳和规划目标相差110分，但阿芳不但可以利用上班时间弥补不足之处，还可以提升英语水平，一年之后，有机会超过公司对现有PMC计划员的岗位技能需求。

学习内容

商务英语/外贸英语。课程难度不大，上中学时已经有一定的基础，有信心完成，主要看的是个人的决心和学习质量。根据课程情况，每册平均需要学习完毕的时间大约是2个月，一年可以学完5册。

规划说明

阿芳现在公司生产计划部做跟单文员工作，经常和外国客户打交道，单据上都是英文，若想职位上升，掌握英语技能是必须的，所以，阿芳的一年职业规划是，一年时间学会商务英语，然后第二年当上主管，工资可拿到5000元。同时，在工作的时候，提高业务能力，以具备主管的业务能力。

学习资金保障

阿芳工资每月现收入是2500元，除去生活费用，每月可以攒钱1000元，一年按10个月计算攒10000元（现在阿芳已经攒了5000元钱，有保障）。

时间安排

每个星期一到星期五，学习3—4次，每次学习2个小时，星期六和星期天每次学习半天即4个小时（另外半天处理生活事务），一个月可以学习45个小时，一年学完5册教材，达到工作上日常商务英语实际应用水平。

设备和资金投入

复读机一套，400元；五套纸质书籍和电子光盘及工具书，900元；一个MP3，300元：一部方便学习英语的手机，1500元：合计3100元（这些投入可以将在宿舍的床上时间和坐车时间都可以利用）。

课程教材

新概念/商务英语

亲人朋友的理解和支持

亲人朋友都同意和支持。

学习环境

目前和同事两个人住一间房，若受同住的同事影响学习英语，阿芳就向公司申请单独住宿一间房（每月需要向公司补交房租200元），为了保障学到知识是值得的。

学习检验

阿芳知道所在城市大学里有个英语角，学完第一册后，会到英语角和外国人交谈，以检验和改善学习质量，因为，语言是说的，而不是死记硬背的。

吉峰：按着职业规划，一步一步地努力，是改变命运、将人生控制在自己手里的靠谱方式。

二 个人事务篇

饮食

人若以食为天，那就是猪，而且过得还不如猪。但不吃饭活不了，一天三顿饭，吃得不安全，更难活得好。出门在外，凭打工工资生存，吃饭堂和大排档是躲不开的，现世道饮食品造假严重，只能尽量地注意安全了。

以大饭堂为主，大排档为辅。

塑料包装的小食品，里面花花绿绿的颜色糕点、糖果，多含化学添加剂、色素和香精，表面好看，实际有害。

有条件的，自己买菜做饭，用水泡菜时间长些后再烹饪。

少喝无名厂家饮料，危险性高。多吃便宜的水果，但要削皮。银子足一些的，买水果自己榨汁喝，营养健康又减肥。

控制吃肉，青菜瓜果常吃。酒楼的菜味道好，但多是化学味精和鸡精。

酒适量有益健康又助兴，但过量伤身，也使人亵慢。

宵夜少吃，晚上饿了，吃水果健康。远离街边煎炸小食。

动物内脏少食或禁食。

多吃健康又便宜的食品，如地瓜（不烂的）、玉米（非转基因的）、豆腐（不加吊白块的）、黄瓜（没有植物激素的）、胡萝卜（自然肥的）、油（非地沟油）。唉，我边写边想，越想心里越没底，你自己看着吃吧。祝你好运！

申命记(8：03)：“……人活着不是单靠食物……”但食物不安全是要死人的。不以什么都能吃为适应能力之表现。

工资要日记

考勤记录：记自己每天的上下班和加班的考勤，按分钟每天日记。

考勤记录表（2009年1月）

日期	星期	上午	下午	工时合计	晚上加班	加班合计	备注强记忆
1	星期一	08:00-12:00	13:30-17:30	8小时	18:30-21:30	3小时	和张三一起做
2	星期二	08:00-12:00	13:30-17:30	8小时	18:30-21:30	3小时	李四和主任吵架
3	星期三	08:00-12:00	13:30-17:30	8小时	18:30-21:30	3小时	领班和我打台球
4	星期四	08:00-12:00	13:30-17:30	8小时	18:30-21:30	3小时	线长批评了王五
5	星期五	08:00-12:00	13:30-17:30	8小时	18:30-21:30	3小时	钱六受到了罚款
6	星期六	08:00-12:00	13:30-17:30	8小时	18:30-21:30	3小时	赵七辞职了
7	星期日	休息	休息	无	休息	无	大家一起逛了街
总计	66小时			48小时		18小时	

记录上班时间，清楚算明工资钱数，不做糊涂人。

工资记录：记每个月的工资金额，开资的时间，每月日记，也可将每月工厂发的工资条，粘贴在日记本上。

工资记录表

年/月	1月	2月	3月	4月	5月	6月	7月	8月	9月	10	11	12	合计
2009	1300	950	1500	1400	1350	1500	失业						××××
2010	1250	过年	1650										××××

记清楚工资是自己的实用信息。

打工记录：记自己打工的经历，如某某年月，在某某厂上班，做某某岗位工作，某某时候离开，某某时间到了另一家厂上班等。

打工记录表

打工年/月/日	打工厂名	部门和工种	工友或事项
2008.1.1-12	东莞虎门发家制鞋厂	生产部制鞋底员工	张三和李四
2009.1.7-2010.7.7	深圳宝安致富电子有限公司	生产部插机车间插机工	一四七和二五八
2010.8.10-12.19	深圳龙岗没我事服装厂	品质部IOC员工	宿舍丢东西
2011.3.25-	×××	×××	×××

记录打工历史，确定打工内容，日后用得着。

生活费用花钱表

有心的打工者，可以自己制作一张“每月生活费用花钱表”，记录自己每个月花多少钱，都花在了哪些方面上，可以看出哪些钱花得不适宜，总结经验和记录打工知识。

请你自己制表。

吉峰：生活当中的所有事情，都包含着知识和道理，只要你有心，都可以通过思考、认真和正当行为，得到收获。如若你已经详细记录了5年工资单，那么，就会有做农民工问题研究的教授，向你请教这些数据并可能发表论文。你若真有就告诉我。

钱少计算花

一个月就那么两个钱，所以，要计算着花，计算的方法为：每月列出必须支出的固定费用，然后将固定支出的费用不动，其余的钱可以做机动花费。

以假设每个月工资总收入1680元为准，示例图如下；

固定费用支出	伙食费	交通费	手机费	房租水电	日用品	学习	储蓄	其他	合计支出
	500	50	80	220	50	200	300	100	1500
工资总收入									1680
月机动费用									180

张建辉　图

吉峰：每月开资后前两个星期内是有钱人，后两个星期借钱吃饭，不是个好打工的。

花钱的方式方法

不懂得控制花钱的方式，会给自己带来损失和长久的麻烦，要么钱浪费了，要么经常借钱，甚至可能因乱花钱，导致做了一些不当或违法的事。所以，花钱要有适当的方式。

花钱考量：一定是在自己的工资收入范围之内，今天不花明天的钱。

花钱之前：要有一些存钱，不能月月花光或提前花光。

经济实用：除了生活必需品，买的东西要实用实在，不为爱慕虚荣花钱。

日用生活品：工业区或出租屋有专门的小店卖。二手店也是不错的选择。

大件物品反复对比衡量：如买电脑或智能手机是项大投资，要根据具体用途、多方对比，还要咨询专业人员的意见，否则就避免不了当冤大头。

不要过于追求便宜：有些东西，恰恰是不买便宜的，反而最省钱，如一双价格中档的皮鞋可以穿三年，你买外表时髦便宜的鞋，一年不到就坏了，反而浪费了钱。女孩子买衣服时要知道“不贵洁，不贵华”。

英雄不是逞出来的：头脑发热、心血来潮、爱虚伪的面子，用成百上千的钱，请大家卡拉OK还喝酒，损失大了。

消费者权利：对于商家明显的欺骗和不诚信行为，要旗帜鲜明地行使消费者权益。

讲价的艺术：不说店主的东西贵，而说自己是打工的买不起，店主听了容易打折。

吉峰：经常用的东西，要买耐用、实在和结实的，而不是挑最便宜的买，更不必追求款式、颜色、时髦。

医疗卡随身带

根据社保规定，持医疗卡（即社保卡），得病可以到单位附近的社康中心免费医疗（根据治疗金额不同，具体报销的额度不同），到社康中心看，有些保障又便宜，（工厂和社区附近，多已建立社区健康中心，一般挂着绿色牌子，也可以问工厂的行政和人事管理部门。）黑诊所看病就免了吧。

邮局寄钱和银行卡转账哪个好

不同的银行收取的本地和异地现金转账费用不是一样的，将银行转账的费用和邮局寄钱的费用进行比较后，就可以得出哪个便宜，哪个方便了。具体由两个成本决定，一是时间成本（到邮局要车费和时间成本），二是资金成本（银行转账收费）。若工业区或工厂就有转账ATM机，那就是银行卡转账最方便，成本最低了。因为你不用花钱坐车到镇中心去，而且，也避免交通风险又节省时间。

不必计较寄钱和转账的直接成本，哪种方式转账或取钱方便，哪个方式就是最省钱。

吉峰： 医疗和社保卡内容，深圳读者可见城市功能篇的社保局主题。其他城市读者可到本地城市的社保局网站查询。

居住证办理

一些城市，如深圳，2008年已开始将暂住证转换为居住证，大家可办理，这是自己打工、参加社会事务、获得公共服务的证明。

以深圳为例，居住证的类型有两种：深圳市居住证和深圳市临时居住证。办理费用：申办、补办、换领居住证收费20元（其中初次申领居住证的工本费，由政府和申请人各承担一半），居住证延期、居住证类型转换不收费。《深圳市居住证暂行办法》第三十条 取得居住证的人员在深圳市享有如下权益：

（一）免费享受公共就业服务机构提供的就业服务；

（二）按照规定参加政府部门提供的各类免费培训；

（三）按照规定申请参加本市组织的专业技术职务的任职资格评定或者职业（执业）资格考试、登记；

（四）子女享受计划基础疫苗免费接种；

（五）实行计划生育的育龄夫妻，免费享受国家规定的计划生育基本项目技术服务；

（六）符合市政府规定办理乘车优待证的，凭居住证办理乘车优待证；

（七）凭居住证进入深圳经济特区；

（八）市政府规定可以享有的其他权益。

第三十一条 取得深圳市居住证的人员除享有本办法第三十条规定的权益外，在深圳市还享有如下权益：

（一）按照有关规定办理出入港、澳地区的商务出境手续；

（二）按照有关规定申请办理车辆入户和机动车驾驶执照；

（三）符合深圳市户籍迁入条件的，同等条件下给予优先办理；

（四）办理长期房屋租赁手续；

（五）按市政府有关规定符合相应条件的可以享受子女就学、公共租赁住房有关权益；

（六）按照规定参与社区组织有关社会事务的管理；

（七）参加本市组织的有关劳动技能比赛和先进评比；

（八）市政府规定可以享有的其他权益。

吉峰：具体可见打工所在城市的居住证信息网。

怎么求人

人都有困难，都需要帮助或求人，即使是亿万富翁。有了困难，会希望能有人帮助，但怎么求人帮助呢？如下方式供你参考。

投稿方式：将自己的困难写下来，向媒体打电话或投稿。

E-mail的方式：写清困难状况，希望解决的问题，E-mail给相关人、部门或组织。

短信方式：信息量有限，适合给亲朋好友简单明了地说。

直接上门方式：直接到社区组织、慈善机构、社会组织或政府部门求助。

信件方式：手写或打印出来，邮寄给媒体、部门和组织。

朋友代表方式：由朋友出面，向有可能、有条件帮助你的人请求帮助。

直截了当方式：电话或见面直截了当地说，适合于小困难、老关系，也可借机测试一下朋友是不是真的是朋友。

亲友寻求方式：亲友是最有可能首先帮助你的人。

自己的方式：凭自己的知识和个性方式开创一种方式。

张建辉　图

吉峰：求人并不可耻，用得好还能转变为发展机会，就是亿万富翁有时也要求人，谁求不着谁呀！有时，困难本身并不是钱的问题，而是，如何认识和处理问题才是困难需要帮助的核心。

到哪里向谁求助

庞大的社会里，有形形色色的部门、组织和各种样式的人。在城市生活、知道一些城市的功能，便于社会交往、主张权利和得到权益。问题的造成者、管理者首先应该承担责任。

媒体：媒体很少会直接帮助人，但媒体却能将你的信息传遍千家万户。

慈善公益组织：有各种各样不同性质的慈善组织，如慈善会、基金会、公益组织等，可为不同的困难群体提供不同的帮助（但不是提出就给帮助）。

社工组织：社工组织有一定的热心，一些社工组织不但将农民工作为主要的服务群体，而且，一些服务内容，是由政府资金购买的。

政府部门：所有的政府部门都管着事，占有庞大资源。要看准所求助的事是哪一个部门管的，走办事程序到时候很可能和尚都会白了头发。

群团组织：工会、妇联、团委、残联等群团组织，提供一些维权和帮助功能。

社区组织：居委会、业委会和物业管理处等。

学术机构：学术机构没有钱，但知道很多事和很多方法，可能会为你提供解决困难的方式或渠道。

社会组织：一些社会组织也是公益组织，社会组织有热心也有一定的方法。若你的事情够打动他们，有影响力的社会组织可以帮到你，如基金会。

亲朋好友：亲人、朋友、同学适合于说心里话，首先能获得情感上的支持，当中若有见识的人，还能给你提供困难分析的智慧帮助。使你对困难的性质、状态有基本的了解或确认。

自己创造：下定决心，用自己认为的方式求助，个性坚定的人才做得出。

箴言：计谋都凭筹算立定，打仗要凭智谋。马是为打仗之日预备的，得胜乃在乎主。

同人和社会打交道的态度

出门在外，问路、买火车票、坐公交、租房、政府部门办事等，总要同很多不知道的部门、组织办事，总要和不认识的人说话，应该怀着怎样的态度说话办事呢?

不卑不亢：既不自卑，也不高傲，态度得体，分寸恰当（第109页）。

善意：善良的心意，好意（第1190页）。

尊重：尊敬、敬重他人，重视并严肃对待（第1824页）。

得体：语言行动得当、恰当（第283页）。

诚实：（第174页）说："言行跟内心思想一致"。这句话问题很严重，言行跟内心思想一样，并不一定是诚实，因为，一些恶人的言行和内心思想是一致的。

摘自《现代汉语词典》第5版，商务印书馆。

吉峰：人应是平等的，你尊敬他人，他人也应该尊重你。常有反思、自省、接受批评和批判的心。人之间的交往在于自立（自己立得住）。

出租屋生活

一说起出租屋，我就心里难过，因为，已经不知道搬过多少次家了，搬来搬去都是出租屋。不是瞧不起出租屋，而是，搬家的感觉太可怕了。但既然住在出租屋，就要爱护它，否则就是自我不尊。

保持卫生：将垃圾扔在楼道里或放在别人家的门口都不合适。

减少噪音：不睡觉打麻将，半夜回来搞大声音，站在阳台和走廊打电话，影响别人休息，更让人可恨。

安全问题：小偷常见，而且小偷肯定也有难处，但还是要防备小偷。

欠租金不逃跑：咱可不能欠钱又丢人。

不扔东西：往楼下扔东西，已经不是卫生的问题了。

互相尊重：如果不能互相关心，起码也要互相尊重。

张建辉　图

吉峰：如果出租屋里洋溢着互相关怀的气氛，上帝都会感动。

骗和偷

骗子很多。男骗子、女骗子、老骗子、小骗子、大骗子、高骗子、矮骗子、胖骗子、瘦骗子、西装革履的骗子、衣衫褴褛的骗子、可怜兮兮的骗子、衣冠楚楚好像不缺钱的骗子等。

骗人的骗子出现在各种场合。中巴车、长途大巴车、公交车上、火车站、商品市场、商场前广场、工业区、出租屋、大道两边经常有他们可恨的身影，虽然他们也很可怜。

骗子的方式也很多。问路的骗子、没钱吃饭的骗子、坐车看病的骗子、请你帮看东西的骗子、换假币的骗子、卖古董的骗子、家里死人的骗子、出售黄金宝贝的骗子、卖手机电脑的骗子、耍扑克的骗子、捡钱包的骗子、说自己会消灾祝福的骗子等。

小偷的问题。一些小偷表现，等于是在众目睽睽之下的公然抢劫，不可容忍。听到或看到小偷，不应该装聋作哑不出声或不站出来（去），起码应该说句公道话，免得恶行盖过公义。

对付骗子：大家一起帮骗子失业。

对付小偷：小偷当着大家的面偷窃，已经不是偷某个人的东西了，而是公然偷走大家的良知和尊严。起码可以动口谴责或声援（有时可能有人身安全风险。但大家都默不作声，公正就失去了）。报警后，偷你东西的小偷没有被抓到，但总有一天偷别人就会被抓到。小偷之间互相招供，偷你的东西的，就被发现了。而且，公安局统计案件的数量多了，媒体报道多了，就会受到压力和重视，增强责任和警力进行治理。治安环境就会转好，报警也是公民社会的责任体现。

吉峰：对付骗子只要一招，多数的骗子就都会失业了。就是不要想着白得便宜的事，不贪他人的钱财，你就不会被骗。

传销

传销啊传销，为什么你是传销呢？如果你传销的是热情、爱或信仰，那该有多好呢。

有时你会接到对你很是热情，但只见过一次面的人打来电话，说，张三呀，我是李四呀，今天晚上在×××地方有聚会，给你介绍个机会，你想不想认识多些朋友，想不想自己创业，想不想自己当老板？想，我邀请你来参加活动，什么内容？不告诉你，见面再说。

等你去了，现场非常热烈，一个人讲话，好多人带头鼓掌，内容都是找人花钱买东西，大家一起发财做老板，美梦成真的激动人心故事。讲完之后，一帮男人穿着西装打领带，女人穿着职业套装，把你围起来，男人同你大力的热情握手，女人都紧紧地盯着你笑。都说着产品如何如何的好，价格怎样怎样的便宜，作用是多么多么的强大，不久之后大家就会挣很多很多钱之类的话。只要你花钱买他们说的东西，只要你也拉一些人进来一起发大财。有的还不怕麻烦地告诉你，如何先从自己的亲朋好友中先“借钱”买东西发财，或者给家乡人、同学打电话说“好听”的话，“请”他们到身边来，然后再向其他人下手。这些是比较客气的，还有一些“更热烈”的方式。

面对这样的好心人，若是拒绝，你都感到对不起人，话都说不出口。

吉峰：这就是传销。是事业？是机会？是朋友？是欺骗？还是……？你自己判断。

吵架

小时候，我们接受的教育是不要打架，打架不是好孩子。长大了，才发现这话大有问题，有人靠打架出名挣大钱，而且，我们的电视还将这样的人当作明星表扬呢，我说的打架就是“拳击比赛”。人间生活，很难做到不吵架、不打架的，而且，吵该吵的架，打该打的架也不是坏事，关键是吵架、打架的方式。

吵架：该吵架就一定要吵，否则，一味地容忍就是软弱，别人认为你怕他。吵架的原则是尊重事实、讲理、不人身攻击、不说脏话并允许吵架的对手还嘴。否则，就吵不起来了。

打架：打架的原则可以是不先动手，别人动手，你可以正当防卫，但把他打倒、打退就可以了，不要下狠手，不伤及生命。如遇到小偷或劫匪，不但需要吵架，而且还非常需要主动打架，对心里满怀正义而且对自己的体能和处理能力也充满自信的人非常合适，可在动手前观察疑似小偷同伙的位置和数量，做好防范准备。若有朋友在身边，一个人动手后，大家一起都动手，既安全迅速又能最低风险地制服小偷。

吉峰：辩论的层次高于吵架，以辩论代替吵架，才是“吵架”的最高水平。但必打的架还是要打的。

气愤的时候怎么办

人就是靠“气”活着。不敢气愤或不敢发脾气的人，什么也不是。经常生气的人不会有出息。气愤是一种力量，对气愤敏感的人，也是思想情感丰富的人。将气愤升华为力量、决心和向上行动，而不只是情绪上的气愤。记住，不管是否气愤，你都要有骨气。

什么也不做：没有冷静下来以前，什么也不做，就不会失控。

什么也不说：不表态，什么也不说，等想好了再说。

先想想再说：先想想清楚再说，给自己留一个时间，以让自己对愤怒的事，认识清楚究竟是怎么一回事，免得没搞明白，就做了后悔的决定。

向亲朋倾诉：向亲朋好友倾诉，将所有的愤怒、困惑和气愤发泄出来，然后就会冷静下来了，或者知道该怎么办了。

当场决定：毫不犹豫，当场作出决定，立刻进行表态，适宜对气愤的问题已经认识深刻的人，或者是自信坚定的人，可以借机当场表态决定。

张建辉　图

箴言：患难之日若胆怯，你的力量就微小。

攒钱创业要小心

创业谁不想呢，但创业不是件简单的事，而是一个艰难的决定。

创业是很复杂的事，尤其是对于那些真正想创业，而不单单想挣点钱的人来说更是如此。总体来说，资金、经验、市场调查、专业知识、市场营销、招工、客户群等等，都需要有所保障。创业成功就等于为自己创造一份永久的工作，但创业风险甚大，不适合没有充分准备、没有支持条件、靠攒的工资当作投资资金的打工者尝试。

张建辉　图

吉峰：对于绝对数量的人来讲，将工打好，就是创业。参考20个思考题。

篇尾总结：先做本分的事、实在的事和眼前的事

世界越来越令人眼花缭乱了，好像要知道很多乱七八糟的事，才能成为有知识的人，好像要拥有很多金钱，才能吃饱肚子。太多的人兜里的太少，欲望的太多。太少的人兜里的太多，干正事的却太少。

蓝领和白领群体，生活在城市里，社会保障程度低，安排个人事务要务实：核心是先把做眼前的事做好。要持之以恒：避免三天打鱼两天晒网。要有条理：免得混乱无章。以下四点助你参考：

1. 态度决定：态度不同，事情就会不同。

2. 先做主要的：先做本分的事、实在的事和眼前的事。

3. 方式最重要：做事的方式决定事物的价值和成功，而不是目的。

4. 行动成就：行动才能实现想法，行动才能成就人生，而不是愿望和空谈。

要知道，很多的有钱人都很穷，很多的有钱人都生活在水深火热之中，打工者只是没有钱，所以，生活还是很有希望的。

四 城市功能（生活）篇

生活日常事

生活的日常事，处理有序，省时省力，经济实惠。

找工作：每年春节年后是工厂招人的高峰期。每年6月到12月是制造业生产的旺季。

通信：移动、联通和电信的电话费用各有所长，根据个人情况选择。

交通：一些城市通往郊区和工业区的公交车，已经能刷IC卡了，可以办一张，有打折，省钱省力。若在市区里上班更是要办。

租房：除了便宜，还要考虑往返时间和安全成本，省200元房租，但每个月需要支出70个小时乘车时间就未必划算了（多指晚上住在郊区，白天到市里的打工者）。最重要的条件是安全，上班时电脑存放是个问题。

做饭：一个人天天做饭，即使有时间，成本也不一定便宜，但总是吃盒饭和快餐，也实在难以忍受，若在工业区附近上班，或有条件三五个人合伙做饭，经济适宜又节约时间，只是不容易长久。

服装：便宜的不一定经济，因为，单价是便宜，但不耐穿，反而就是贵了，所以，要综合考虑服装、鞋子的价格和质量。我的经验是，买经济实用耐穿的。

接待朋友：不必为了好面子，大手大脚花钱，都是打工的，买菜自己做饭，吃饱省钱又实在。

外出工具：谷歌地图是应聘、出差、工作的好工具，可以事先在地图上找好公交路线，有准备地乘坐交通工具，避免走错路，浪费时间，这是城市生活的必备技能。

吉峰：日常生活事是经常事，实在朴素好生活，也是养成好习惯的开始。

用得着的号码

全国紧急电话

公安（110）　火警（119）　医疗急救（120）　交通事故（122）

深圳市相关电话

市政府（12345）　深圳社保热线（96888）　人社局（12333）

市总工会（12351）

上海市相关电话

市政府新闻办（021－23119799）　人社局（12333）　社保卡（962222）

医保（962218）总工会（12351）

东莞市相关电话

市政府（22222302）　劳动局（12333）　总工会（12351）

北京市相关电话

市政府热线（12345）　北京人社局（12333）　安全生产投诉（12350）

总工会（12351）

广州市相关电话

市政府（12345）　广州人社局（12333）　总工会（12351）

直通中南海（人民网）

http://cpc.people.com.cn/GB/191862/191865/index.html

火车订票

广东全省火车票订票电话，2010年9月24日开始启用，两个号码：

95105105、96020088。北京站车票预订65260000。

全国消委会和各地消委会（12315）

新闻报料

南方都市报（全国：4008866166、QQ：800075175）

新京报（010－67106710、67106666）

中央电视台7台务工人员服务热线（010－82108122）

东莞日报社（0769－22111000、22238697，短信：13929290000）

广州日报（020－81919191、QQ：191261649）

深圳晶报（0755－83515151、短信报料：106691609580）

吉峰：资料来源于政府网站和媒体公开信息。时间截止于2011年5月。

工会和劳动局

工会简介：

《中华人民共和国工会法》第一章第二条　工会是职工自愿结合的工人阶级的群众组织。

摘自《中华人民共和国工会法》

打工者可参见所在城市总工会网站了解工会情况

人力资源和社会保障部简介：

（三）负责促进就业工作，拟订统筹城乡的就业发展规划和政策，完善公共就业服务体系，拟订就业援助制度，完善职业资格制度，统筹建立面向城乡劳动者的职业培训制度，牵头拟订高校毕业生就业政策，会同有关部门拟订高技能人才、农村实用人才培养和激励政策。

（十）会同有关部门拟订农民工工作综合性政策和规划，推动农民工相关政策的落实，协调解决重点难点问题，维护农民工合法权益。

摘自：国务院办公厅关于印发人力资源和社会保障部主要职责内设机构和人员编制规定的通知（总共十三项行政职能）　国办发[2008]68号

摘自网站：中华人民共和国人力资源和社会保障部网站

中华人民共和国宪法（第一章第一条）：中华人民共和国是工人阶级领导的、以工农联盟为基础的人民民主专政的社会主义国家。社会主义制度是中华人民共和国的根本制度。禁止任何组织或个人破坏社会主义。

社保局及社保医保常识

胡建和　深圳市社保局办公室副主任

深圳市社保局简介

深圳市社保局是专门办理社会保险业务的机构，市社保局在彩田南路海天大厦，在每一个区都设有一个社保分局，在宝安、龙岗、南山、光明、坪山5个区还设有26个社保站。社保局主要办理社保费的征收、投诉和监管，以及养老、医疗、工伤、失业待遇的发放。

一、养老保险

（一）养老保险缴费比例

基本养老保险费缴费比例为员工缴费工资的18%。其中员工按本人缴费工资的8%缴纳，企业按员工个人缴费工资的10%缴纳。另外，企业还应为深圳户籍员工参加地方补充养老保险，地方补充养老保险费缴费比例为员工缴费工资的1%，由企业缴纳。

（二）享受养老保险待遇的条件

享受按月领取养老金的员工，应同时具备以下条件：

1. 达到国家规定的退休年龄或者退职条件；

2. 实际缴费年限累计满15年。

（三）养老金的构成

1999年1月1日以后参加工作的员工，依规定退休时的月基本养老金的构成是：基础养老金＋个人账户养老金。

关于养老保险缴费基数的规定

缴纳养老保险费以员工的月工资总额作为缴费工资。但员工月工资总额超过本市上年度在岗职工月平均工资300%的，超过部分不计征养老保险费；本市户籍员工的月工资总额低于本市上年度在岗职工月平均工资60%的，按本市上年度在岗职工月平均工资60%计征养老保险费；非本市户籍员工的缴费工资不得低于本市月最低工资。

二、医疗保险

深圳市医疗保险分为综合医疗保险、住院医疗保险、农民工医疗保险三个险种。

（一）各医疗保险的参保范围

1. 综合医疗保险的参保人群

具有本市户籍的在职人员；鼓励用人单位为非本市户籍员工参加综合医疗保险。

2．住院医疗保险的参保人群

非本市户籍的城镇户籍在职人员。

3．农民工医疗保险的参保人群

与本市企业建立劳动关系的农民工。

（二）各医疗保险缴费比例

1．综合医疗保险以员工月工资总额为基数，按照基数的9%按月缴交。单位承担7%，个人承担2%。

2．住院医疗保险以市上年度在岗职工月平均工资为基数，按照基数的1%按月缴交。单位承担0.8%，个人承担0.2%。

3．农民工医疗保险按每人每月12元的标准缴交。单位承担8元，个人承担4元。

（三）各医疗保险享受待遇

1．综合医疗保险参保人门诊享受的待遇

（1）综合医疗保险参保人普通门诊享受的待遇

户籍人员待遇，详情省略。

（2）综合医疗保险参保人大病门诊享受的待遇

户籍人员待遇，详情省略。

2．住院医疗保险、农民工医疗保险参保人门诊享受的待遇

住院医疗保险、农民工医疗保险参保人在选定社康中心发生的门诊（含急诊）费用按以下规定处理：

（1）属于基本医疗保险药品目录中甲类药品和乙类药品的，分别由社区门诊统筹基金按80%和60%的比例支付。

（2）属于基本医疗保险目录内诊疗项目或医用材料的，单项价格在120元以下的，由社区门诊统筹基金支付90%；单项价格在120元以上的，由社区门诊统筹基金支付120元。

（3）参保人因病情需要经结算医院批准转诊到其他定点医疗机构发生的门诊医疗费用，或在非结算医院发生的急诊医疗费用，由社区门诊统筹基金支付费用的90%报销。

由社区门诊统筹基金在一个医疗保险年度内支付给每个住院医疗保险参保人的门诊医疗费用，总额最高不超过800元。

3．综合医疗保险、住院医疗保险参保人住院享受的待遇

参保人发生的住院药品费用，属于基本医疗保险药品目录范围的，退休人员按95%、其他人员按90%的比例列入基本医疗保险大病统筹基金记账范围。

参保人发生的住院基本医疗费用，属于基本医疗保险目录内诊疗项目和一般医用材料的，退休人员按95%、其他人员按90%的比例列入基本医疗保险大

病统筹基金记账范围。

按照医院不同级别设立不同的住院起付线，市内一级及以下医院为100元，市内二级医院为200元，市内三级医院为300元，非本市医院为400元。部分内容省略。

4. 农民工医疗保险参保人住院享受的待遇

农民工医疗保险参保人住院发生的列入基本医疗保险记账范围的医疗费用，在住院起付线以上、统筹基金最高支付限额以下的部分，由基本医疗保险大病统筹基金按住院医院级别支付不同的比例，市内一级医院、二级医院、三级医院、市外医院的支付比例分别为95%、90%、80%、70%，其余部分由参保人支付。部分内容省略。

关于在社康中心就诊的规定

住院医疗保险、农民工医疗保险参保单位，以及无用人单位的住院医疗保险参保人，应当就近选定本市一家社康中心为门诊就医的定点医疗机构。

对下列特殊参保企业可以开通选定多家医疗社康中心：

1. 参保企业在不同区域内有多个工作场所和员工较多的情况下，提供相关证明材料到参保辖区的征收窗口申请，经审批通过后允许开通多家医疗社康中心；

2. 参保企业选定的多家社康中心开通后，所在单位的住院医疗保险、农民工医疗保险参保人可根据工作地就近选定其中的一家定点医疗社康中心就诊。

三、工伤保险

（一）工伤保险缴费比例

工伤保险由单位缴费，个人不缴费。详情省略。

（二）工伤认定

职工有下列情形之一的，认定为工伤：

1. 在工作时间和工作场所内，因工作原因受到事故伤害的；

2. 工作时间前后在工作场所内，从事与工作有关的预备性或者收尾性工作受到事故伤害的；

3. 在工作时间和工作场所内，因履行工作职责受到暴力等意外伤害的；

4. 患职业病的；

5. 因工外出期间，由于工作原因受到伤害或者发生事故下落不明的；

6. 在上下班途中，受到机动车事故伤害的。

（三）工伤申报程序

首先，员工发生工伤后，单位应在发生工伤之日起30天内，提供资料申请工伤认定；其次，用人单位、工伤职工或者其直系亲属应当在医疗终结期满

30日内向本统筹地区劳动能力鉴定委员会提出申请劳动能力鉴定；最后，工伤员工拿到鉴定结论后，申请工伤理赔。（编者注：《工伤认定办法》第五条规定，用人单位未在规定的时限内提出工伤认定申请的，受伤害职工或者其近亲属、工会组织在事故伤害发生之日或者被诊断、鉴定为职业病之日起1年内，可以直接按照本办法第四条规定提出工伤认定申请。）

（四）工伤保险待遇

待遇包含内容有：工伤治疗费、伙食费、补助金、伤残津贴、生活护理费、丧葬补助金、供养亲属抚恤金和一次性工亡补助金。详见法规。

四、失业保险

具有本市户籍的权益，详情省略（编者注：打工者有权获得失业保险）。

五、养老保险、医疗保险关系转移接续

本市户籍和非本市户籍的农民工都可以办理转移接续。详情省略。

六、社会保障卡的功能

（一）查询个人社保信息功能

1. 可在社保网站注册个人信息进行查询。

在社保网站注册或登录的具体路径：登录社会保险基金管理局首页（www.szsi.gov.cn）→点击“个人网上申报”→点击“社会保险个人网上服务”→进入“社会保险个人网上服务”界面后，点击“注册”按钮根据提示完成注册，注册完成后或已注册用户输入信息即可登录查询个人社保信息。

2. 通过社保咨询热线96888自动语音系统进行查询。

3. 也可以用社保卡到任何一个社保机构打单查询，打单不收费。

（二）看病买药功能

参加任何医疗保险的参保员工，可以凭社保卡到相应的社保定点医疗机构（社区和工业区附近的社康中心）看病，也可以到社保定点药店刷卡买药。

备注：资料提供时间截止到2011年1月。

吉峰：啊！社保啊！我们的好社保！你在哪里？ 你在哪里？ 我们对着高山喊，山谷回声：他刚离去！他刚离去！我们对着大地喊，大地轰鸣：他不在这里！他不在这里！

愿你就在这里！就在这里！愿你永远和我们在一起，而不是单单活在我们心里！

城市文明

守时
排队
勤刷牙
小声说话
不丢垃圾
错了道歉
不随地吐痰
关注他人需求
禁烟场所不吸烟
公共场合遵守手机礼仪
不要同女孩子挤公交车（爱护）
公交车先坐靠窗的座位
关注他人，参与社会事务

张建辉　图

吉峰：什么是城市文明呢？人的文明就是一切的文明！

工业区（社区）附近的城市功能

工业区和社区，都有政府部门或群团组织设置的一些办公室，下面说明一些工业区附近的城市功能状况。

工业区（物业）管理处：是工厂所在地方的水、电、卫生和保安的首先服务者和管理者，同时，传递一些政府部门的信息功能。一些政府部门和组织在工业区的办公室所在地，设置帮扶和功能场所，如计划生育室、工会联合会等，是反映问题或困难求助的渠道之一。

社区健康中心：专门为社区附近的人员（包括外来人员）看小病的卫生部门批准的医疗机构，适合感冒发烧之类的小病病人看病治疗，而不必坐车到街道办或市里面的大医院。凡是持有社保卡的人员，不但都有资格到社康中心看病，而且，看病所花的费用，部分会得到报销（详见社保常识篇）。

工会联合会：是社区或工业区中，多家工厂工会联合在一起的工会组织。按照法律规定，工会（联合会）应是代表打工者利益的组织，维护打工者的权益。

警务室：派出所在村委会、社区或工业区设置的治安室。一些警务室有当地村委会或居委会或物业管理处的保安一起参与执法（保安没有执法权，无权查你的身份证）。

计划生育服务站：计生部门设置的计划生育服务站，可以免费得到避孕套、怀孕和避孕方面的咨询和书籍资料等。

还有居委会、社区工作站、妇联、共青团委员会、“两新”组织等。有兴趣的人可以自己了解，这是城市功能的部分知识，有时可能有用。

吉峰：所有的城市功能，都应当是为人服务的。凡是不为人服务而只是为了管制的，就都是有问题的。

城市的功能

城市是人群聚集之地，是政治、经济、文化和社会活动的中枢，列出下面功能信息，供你了解或有目的地作为。同这些功能部门、组织和机构持之以恒地交往，可能事半功倍提升自己作为一个城市人的能力。

知识聚集：大量的知识聚集在城市里，如大学和各种研究及社会机构。

社会组织：各种不同兴趣人组成的各种社会组织，提供各种慈善和公益性服务。

人群聚集：是人群最密集的集中之地，各种人群的聚集场所。

经济聚集：工厂、公司、银行、商场大量聚集在城市当中。

信息传播：是信息发出、汇集和收集之地，信息一夜之间可传遍世界。

社会交往：展览、沙龙、会议、活动、比赛、商业服务等，提供着各样的社会交往空间。

机会提供：大量的商业、政治、经济、社会和人员交往机遇的地方。

吉峰：当然，也有一些见不得人的城市功能。什么？你问我是什么？等你有钱时就知道了。

部分城市好去处

城市是各种功能聚集之地，有各种各样的图书馆、讲座、讲堂、论坛和沙龙等，简单介绍如下，有兴趣的人可以亲自去感受。

政府部门和人大机构：经常会在网站、媒体公开听取和征求市民对各种法律法规的立法意见。参加这些活动，可以了解政府是处在一种怎样的状态，如何对城市进行管理，同时也履行了公民责任。

图书馆好地方：书儿是好朋友，图书馆里的书籍中，有无数的朋友和世界几千年的历史知识。图书馆是学习、解惑、寻找答案的好地方。

大学讲座：大学每月都会有一些不定期的知识讲座，在各个学院门口，有广告信息发布。

各种沙龙：一些市民或社会组织，会定时或不定时举办不同主题的沙龙，基本都是开放性的，免费听取不同的知识信息，还可以认识到一些学者、媒体和知名人士。

××大讲堂：一些部门举办的讲堂，每周或双周举行一次，有主题排期预告。深圳的举办地点在福田区市民中心，广州的“岭南大讲坛、公众论坛”举办地点在先烈中路省科技图书馆。

南都公众论坛：南方都市报主办的公众论坛，每星期天上午举行，地点在红荔路少儿图书馆，有嘉宾排期提前预告并邮箱发送论坛信息。

社会兴趣团体：有合唱团、京剧团、乐器、武术、打工文学、诗歌等团体组织。

演讲大赛：相关部门和组织举行，有中文、英文主题演讲比赛。

征文比赛：一些部门或组织每年举办读书、故事、诗歌、摄影、文学和征文等活动。

登山驴友：爱好登山的人，以驴友相称。有很多群体自发在网站上组织。能认识到有趣的人，但也有心怀鬼意的人。纯洁女孩请警惕。

志愿者组织：多数的社会组织都需要并欢迎志愿者加入。是了解和认识社会的一种适合方式。

吉峰：以上的信息可以在报纸上、网上看到或搜索到。各地读者见所在地城市的媒体广告和网络信息。

篇尾总结：城市功能是权利

从农村到城市，从农民到农民工，从学生到打工者，来到城市谋生，既然在城市里，就要有城市的知识和能力同城市打交道，而不能只是人在城里，对城市却茫然无知。

简单而言，作为一个生存在城市里的人，可以努力做到三点。一、具有城市生活的文明和素质（见以上城市文明），这是作为城市人的义务。二、了解基本的城市功能（见以上城市功能），这是在城市生活的常识。三、参与并主张城市公共生活。这是作为一个城市人的责任和权利，因为，你不能在一个城市生活，而不去关心它，否则，你也没有资格埋怨它、要求它。

主动地、自主地向所在的城市表达你的关注，积极参与到公共社会生活当中，城市才可能会变好，也才可能拥有本来应有的权利。参与即是义务，主张是权利。既然已经是城市里的一分子，既然已经是城市人，既然在城市里生存，那么就要关心它。因为，城市的今天是大家的青春、汗水和生命建设得来的。

了解城市功能，掌握城市知识，承担融入城市责任，有能力地使用各种城市功能，拓展城市生活空间，开阔视野，增强社会交往能力，为改变自己打工状况，获得发展机会，追求公正而为，使自己为之做出贡献的城市不再与自己无关，将自己当作城市的主人吧。

五 人生发展篇

宿舍上下铺

宿舍是打工者身体休憩放松之地，也是互相关心、情感交流、精神补养的空间，农民工兄弟姐妹们应重视，可为如下：

认同关怀：大家都是打工的，都有难处，都是同类人，互相关怀。

友情关怀：工友变朋友，朋友真心关怀。

情感关怀：从彼此互相认识开始，聊各自家乡的情况，建立亲近感。

心事关怀：有心事，别憋着，说给朋友听，朋友听了不白听，温情关怀。

困难关怀：有困难，找朋友，远亲不如近邻，出门在外，帮别人就是帮自己。

说悄悄话：女孩子间，说悄悄话，朋友听了不传言，主动关怀。

困惑支持：有困惑，说给朋友听，朋友听了有回应了，互相关怀。

工作合作：互相合作，不推诿，不拆台，不说伤人的话，真诚关怀。

生病关怀：生病了，不舒服，亲人在老家，身边朋友看到了，亲切关怀。

吉峰：不能地球越来越热了，人心越来越冷了。出门在外都是打工同类人，住在一个房间上下铺，要保持基本的尊重和关心。同类人若不首先自我关心，是没有前途的。人的文字结构，就是一个人的形象。“一笔写不成人，相互支撑才是人，二人成丛，三人成众，众事可成（网络搜索人字歌）”。

草地时间、草地思想

饭后，农民工兄弟姐妹经常会坐在工业区或路边的草坪上，两个人或三五成群，这就是产生草地思想的时间，是个放松的时间，而且，还有私密性，可以和知心的朋友说心里话、悄悄话，交流不方便在宿舍里人多时说的话。

说话不是为了说话，而是为了交流思想，说完以后，要有一些思考，通过说话、思考和说话的循环，就能建立起人的感情和思想认知，就可以逐渐了解自己所处的群体（阶层）状况，社会处境，其他人是怎样看待打工群体的，以及如何而为才可能改变困境，这就是“草地思想”的意思。思想不但是通过思考得来，与人交流更利于思考。

在大排档、饭堂吃饭的时间就比较匆忙，人多、声音嘈杂，不过可以说说班上的事，加班的事，了解一下不同车间的工作状况和大家关心的问题。

张建辉　图

吉峰：大家你一言、我一语地讨论，就会发现一些不知道的、没想到的事情真相。不但增长见识，还促进打工者之间的感情。经常如此，再加上思考，就可以认识社会，及至认识不公问题的解决。

工地时间

建筑工人群体，平均年龄上高于工厂里打工的农民工，很多人都已经是丈夫、父亲，是家庭的顶梁柱，承担着养家糊口的责任。出门在外生活不易，更要懂得团结互助。

建筑工人干的都是重体力活，一天下来很辛苦，只有休息工余时间大家才能说说话儿。既然多成了家，就已经是懂事的人了，就应该互相关心和尊重，大家天南地北聚在一起就是缘分，出来做工在一起，有着共同的感受，多谈有利于团结、互相帮助的事，有话好好说，少讲粗话。一个人有不平之事，大家都要互相关心，才有利于面对苦难，维护共同利益。

吉峰：工地上，安全是大事，老婆孩子都等待着你回家过年呢。

打电话的学问

什么事可以打电话，什么事不适合打电话而需要当面说，在什么环境和时间打电话，不同关系的人，打电话的方式又不同。人人经常打电话，但未必都懂得打电话，我说如下你来评：

电话技巧：打电话以前，首先应该考虑好，所说的事务是否适合在电话里说；其次考虑应该怎么说，先说什么、后说什么，如果对方有疑问，应该再怎么说，还要考虑是否应该事先发个短信，以便让对方有所准备；最后，再考虑什么时间段打电话，是在上班时间内打呢，还是在下班时间之后打，打电话的环境又是否适合，如是否安静。

电话素质：打电话，除了问好，应该清晰地称呼对方的尊称或职务，然后说明自己的姓名，即自己是谁，也可以说说令对方印象深刻的话，如第一次见对方的时间、地点或对方所说的一句话，这将令接电话的人，清楚地知道你是谁和抱有好感，然后开始进入正题。

对听不清楚的内容或不肯定对方意思的语句，要即时问清楚，以免不懂又不好意思问，最后耽误事，若是重要事项，结束的时候，重复一遍对方的所说的事项或意思，如邮箱账号或电话号码。通话时，尽量不打断对方讲话。自己讲话时，要平和、清晰和有条理。当然，和亲人朋友打电话，就不用这么严谨了。

电话礼仪：避免在公共场合放手机音乐，或在公共汽车内大声和长时间讲电话，在音乐厅、会场等公共场合将电话设置为静音，避免正在和别人说重要的事时接电话。睡觉关机或静音，他人休息时少在宿舍接打电话。尽量不在吃饭的时间、晚上10点以后给别人打电话。熟人另说。

李洁　（广州美术学院学生）

吉峰：你说有没有道理。

被忽视的手机

手机很普及，好像人人有，但真正的作用却没有发挥出来。

短信和联络交往方面

短信功能：过节的互相问候的时候，发原创短信，说出朴素的真实情感，是最能让人心动，而不是转发千篇一律的、别人编好的、老调重弹的短信。

工作短信：在工作中，将工作的主要进展和状态，及时清晰地发给你的主管领导，做完的时候也发个短信，你必会获得信任。

平常短信；平常的时候，将对生活的一些深刻感受，或对社会上一些事情的思想认识，发给你的朋友圈（不是同事），将显示出你的思想观点和认知能力，又可以互相交流和联络感情。

记录功能：将相交朋友的个人信息，简短地记录在通信录里，如他的爱好、特长、个性、生日、工厂名称、所在地信息等，免得时间长了，忘记了这个人的基本情况，朋友就变成了陌生人。若每月交5元钱，移动服务商提供通信录功能，这样即使换了电话号码，也可以保存信息。

交往功能：每个月都主动地同朋友们联系一次，问候和联络一下。方便你和朋友们长久地交往，得到朋友的喜欢的同时，自己的朋友圈越交越广。

吉峰：人与人之间见面交流感情，是短信和通话不能代替的。

智能手机就要智能应用

社交、知识和信息方面

智能手机可安装大量的第三方软件，可以随时随地浏览和学习，好处多多，简介如下：

知识软件：国学中有一些思想精华，如《大学》、《中庸》、二十四史等。读中国历史、世界历史和社会科学类的知识软件，可以知天下、得知识、人警醒。还可以学习英语和法律维权知识。

字典和词典软件：不会写某个字吗？忘记了成语吗？一查就知道。

邮箱交流：不用上网吧，用免费邮箱同朋友保持大量信息联系。

图像软件：将身边的动人的场景拍下来，不但可保存，还可投稿发表。

手机搜索：不知道某件事？手机一搜索就知道个大概了。

看电视：这个功能你肯定喜欢（免流量费）。

阅读器软件：使用阅读器，可以读到各类大量正版书籍，又可以直接做笔记。

文件记录和编辑：可以建立、编辑、保存和发送文档，实用的好东东。

日历提醒：设定事情日期提醒。

地图功能：在哪里，坐什么车，怎么走，多长时间，地图帮你都知道。

新闻和信息软件：可以集中订阅国内外网站和媒体信息。帮助你对身边的世界有着真实的了解，不必电视播什么你就信什么，树立独立思想。

微博软件：有困难信息发布吗？建立朋友联络群吗？微博是个可用方式。

听音乐：可以将自己喜欢的音乐一直保存。放松时听听心情好又长精神。

软件市场：谷歌安卓系统的电子市场有免费和正版软件下载，英文网址是market.android.com，苹果在线商店（手机自带APP），amazon也有。

详情参见“网络功能”主题内容。

吉峰：即使是晚上加班后，躺在宿舍床上也可以知天下事、学习并同外界保持联系。但智能手机不仅是钱贵，而且需要付出大量时间成本，若不是为了增长知识，就不要勒裤腰带赶时髦，浪费加班攒的钱了。

电视是小偷

有事没事都爱看电视，甚至不看电视的时候，也开着电视，有没有想过，看电视都看了什么呢？电视给我们带来益处了吗？看电视该看什么呢？

看新闻：新闻可以了解身边和世界时事，但看的时候你可以想一个问题，即是真实的吗？为什么电视会这样报道？我怎么看？只有这样看，你才可能发现真实。

看历史：有许多历史故事，让人兴奋、痛恨和唏嘘，最后还要打个问号。

看社会：各种瞎编乱造的电视剧，是我们现实生活中真实的吗？如果不是，为什么虚假的电视剧会上电视呢？反映了社会存在着什么样的问题？为什么呢？

看自己：通过看别人故事的喜怒哀乐，对比现实生活，反思自己。

吉峰：不应是电视放什么，我就看什么！不能让电视成为生活中心，不让电视成为生活信仰，更不能电视播什么你就信什么。电视偷走了很多人的生命光阴。少看电视，多读书，常和孩子一起玩，多和妻子一起做饭，多和朋友家人聊社会、讲人生。

大傻子和二傻子

一些所谓的歌星、影星，唱着不知所谓的堕落词曲，演着虚假的、恶心人的形象，歌星没有唱歌的能力，影星没有基本的演技，更没有人品，只是凭着抽风式的乱舞、肉体裸露、吸毒和丑闻毒害人。

一些追星族，不但模仿偶像的发型和服装打扮等，甚至还花钱买偶像物品追逐，辛苦加班挣来的钱，被自己的虚荣心和偶像通过市场化包装给骗走了。这样追星的人，实际是二傻子追大傻子。

追星的实质含义是丧失了自我，自己不敢面对真实的生活，不敢以努力奋斗去追求理想实现，而以逃避和幻想的方式，将自己的虚荣寄托在所谓的明星身上，失去个人的独立价值而盲从于他人。这不能给自己人生带来任何好处而只有坏处，大傻子歌星就等于是“谋财害命”，偏偏二傻子追星族愿意被人“谋财害命”。追星，最终只不过是一种虚无的感觉。

这样的人，是极其愚蠢的！

张建辉　图

吉峰：人只有通过自己努力而得到的，才有意义，而不是追星！如果你真的想通过追星（获得上进的动力和知识）获得动力，那么，追韩寒吧。

等机遇比狗熊先饿死

在电视里的动物世界节目中，阿拉斯加的狗熊站在河流的上方，张着嘴，逆流而上的大马哈鱼，一跃而上，狗熊站着不动就会反复地咬到一条条鱼。好像天上确实会有掉馅饼的事啊。只是人不是狗熊。

首先，你一定要明白，机遇不会从天而降，更不会白白地遇到。

其次，机遇给有心人预备的。不要以为机遇会主动地找上门来，更不要以为，只要我是个好人，就会遇到机遇，遇到好机遇。

不是这样的，机遇是你自己多年主动追求而后才可能来到的，遇到机遇以前，你一定是经过了长时间的准备、学习和积累，否则，就是机遇来到了，你也不知道、不懂得把握，而且还可能受到机遇的反作用伤害。

机遇不同于机会。人若像狗熊一样等着鱼跳进你的嘴里，可以肯定的是，一定比狗熊先饿死。相处好身边的人，做好身边的事，是机遇来到的最好方式。

《论语》：学而不思则罔，思而不学则殆。

必须有一项谋生技能

拥有一项技能，是对生存的保障，否则，你会始终处在到处找工作的状态，始终会受没有长处，没有技能的限制。长此以往，生存没着落、到处漂泊、颠沛流离、一事无成、一无所获。

技能不止是凭技能谋生这么简单，而且还是机遇和发展的可能，拥有了技能，才可能得到机遇，所以，必须要有一项谋生技能。可行方式就是学一门手艺，或先做职业规划。

张建辉　图

温家宝总理：不仅要懂得道理，而且要学会生存。

网络功能

上网，你会吗？会呀，上网谁不会呀，你太小瞧人了！真的是这样吗？愿如下所说的，对你有益。

网络功能

不是打字就是会用电脑，不是会玩游戏或聊天，就是会“上网”。

电脑功能庞大，若能将涉及到的生活和工作中实用功能多会熟练使用，才能说得上真的会用。如建立一个个人网站（个别桌面客户端软件已经具有了个人网站一些功能），将各种网络功能集合在自己的网站上，是实际的网络应用能力。简单说明如下：

一种好的上网方式是，即使没有电脑或者不带电脑，走到任何地方，只要有网络，你就可以上网处理一切网事。这种方式，既安全又方便。具体方式就是建立一个个人Web3.0网站，你便可以在个人网站上以集成的方式，实现以下全部功能（注册一个免费邮箱账号也可以部分实现），如拥有Gmail或163、msn、yahoo邮箱（免费邮箱），可实现的功能为：邮箱（E-mail）、博客（Bolgger）、微博（Micro-blogging）、短信（Sms/xms）、阅读器（Reader）、订阅（Rss）、日历（Calendar）、图像（Pictures）、地图（Maps）、云存储（Cloud）、文档编辑（Docs）、网络电话（Voice）、即时通（Talk）、搜索（Google）、音乐（Music）等。

网络最实际的功能是邮件、即时通、存储（安全）、博客和地图。

网络安全。最佳保存自己的电脑资料和网络资料的方式是，存储在网络服务商的服务器上，而不是保存在自己的电脑中（可备份在自己的硬盘中）。但要选一家有声誉和安全性高的服务商（如google谷歌）。

手机网络：将自己的邮箱绑定到手机上，即使是在宿舍里，你也可以通过智能手机，知天下事、办网上事和链接所有朋友。

吉峰：这些网络功能，手机和电脑上，你都会集合使用，那你可真是牛人，将成为你的工作和社交利器了，你就真的可以回答说：“上网呀，会！”

网络礼仪

网络的物理体现是虚拟的，但行为者人是真实的，根本上是人的体现，所以，基本的网络礼仪需要遵守。

发帖：要让人看得明白你想说的意思是什么。

回帖：简单明了地回复。

评论：要针对性强的、观点明确地进行评论，当然，幽默加深刻也是很有意思的。

博客：博客是一个充满个性，自我展现的空间，你可以利用博客，表现丰富的你，能交往到“臭味相同”的人，甚至遇到某种发展机会，但需要支付大量的时间成本。

微博：影响力广场，名人热闹地，用词精炼打分台、消息传输快网络。好像不适合多数的人。

转载：转载文章标明引用原文出处链接。

慎重注册：太多的网站需要注册，而且，一些网站需要你填写的资料，甚至需要你爷爷的信息，隐私是个问题。

安全：我使用了很久网络后，某一天忽然才意识到，应该单独只用一个邮箱账号，在不同的网络上注册使用，但注册的邮箱，并不对外使用（或者注册时的密码与使用的邮箱密码不一致）。安装正版非流氓安全防毒软件。

吉峰：网上发帖和回帖，好像很自由，有时还很热闹，要珍惜这种自由，粗话和谩骂，给网民群体带来的是负面影响。随着自由而体现出来的一样是，真实世界里人的品德，珍惜和善用这种自由和品德，就是一股无法阻挡的自由网络力量。

网络是一种改变力量

网络上点击事关公众权益的信息，发帖、转发、评论和围观，就是网络的自由力量，改变社会不公的力量。

点击、注册和回帖：一些浏览网络的网民，以为自己不能影响网络媒体，没什么用。其实，作用大了，你要知道，很多网站上要靠点击、浏览量才能生存和挣大钱。网民点击什么、浏览什么、发帖和评论什么，影响网站的内容、质量和经营导向。所以，当你以主人翁心态点击、发帖和评论就会显示强大的社会力量，这就是网络的自由力量和改变社会的力量。

一些网站的网页，设置了各种网民浏览点击的信息反馈选项。如新浪新闻网页上的同情、愤怒、温馨、好笑等内容，你点击了，就等于无数的网民对此作出了表态和围观。这种无数网民的力量的集合，就会使网站向着网友点击的方向发展。即你点击什么，网站就会报道什么，及至更有力量地报道什么，如此类推，天下不公的事物就会发生改变，这就是网民的力量、自由的网络力量。

你经常点击游戏内容，网站就会多制作游戏节目，你若经常点击美女图片，网站就会很多美女。但是你要知道，你若经常如此，等你需要公正的时候，出现的就是游戏和美女，而不会是公正。

吉峰：关心社会、关心公共生活、关心公正，敢用、善用网络自由力量，社会可以因此改变，也是改变自己的方式。

六种技能

以下六种能力，可以因人而异而重点掌握，并不需要每个人都具有。但掌握一项，也可以在实际工作生活中助你一臂之力。

语言：清楚的、适宜的语言表达能力，可以使你同人愉快地、快速地交往，建立信任，让人对你印象深刻。重点在于组织语言和思想认知上。

写作：具有基本的写作能力，可以使你将所思所想通过文字准确地表达出来，是你在工作、社会交往中的有利助手，令同事高眼看你。

行动：人要务实，语言说得再好听，还要通过行动来体现，免得落得言行不一的负面形象。行动当中，避免急躁，先想好所要做得事涉及到的几个方面和程序，事先做些准备，然后再去做。若能得到掌握相关资源的人、有能力的人帮助，成功率就会事半功倍。

邮箱：邮箱非常实用，能表达丰富思想，深刻交流，可以让人有时间充分考虑后作出回复，还可以保存大量图片和音视频信息，换手机号常见，但邮箱确可以长久拥有，而且不但免费，还起到了日记记录的作用，所以，要经常地、善于使用邮箱。一些邮箱，如Gmail邮箱，还同时提供了文字聊天、语音聊天、视频通话、地图查找和办公软件功能，是个不可多得的好东东，建议学会大大应用。

网络：只要你能想象得出，网络上几乎就会有你做想象得到和想象不到的知识或信息，很多各种各样的网站，是免费学习海洋，只要你善用肯学。

网络搜索：网络上的东东很多，无目的随便看、乱看，不但无益，可能还会有害，要看自己需要的、感兴趣的、有益的。怎么看呢？主要就是搜索，通过搜索，你可以准确地找到自己喜欢的东东，非专业内容，就是不使用搜索引擎的高级搜索功能也能做到。

吉峰：严格地说，行动并不是技能，而是人的能力或者更是关涉到人的品质问题。所谓的技能是要具有熟练使用的能力，而不是泛泛地应用。

三种城市武器

在城市打工，就要掌握城市需要的武器，举例如下：

办公软件（包括网络知识）：不是只会打打字而已，重要的是会编辑功能，你若熟练办公软件，如OFFICE软件，办公起来便会得心应手，别人还得向你请教，多好。

驾照：有驾照、会开车，已经不是特殊技能了，而是基本技能了，方便工作求职。

英语：英语是一项高级技能，前提是要真的会熟练地说，而不是哑巴英语。掌握了英语，就等于提升了自己的社会交往层次和发展空间，你办的事、遇到的人，周围环境，都将大不同，好好把握，就可以脱离打工苦海。

张建辉　图

吉峰：以上三种技能，是城市生活中的常用武器，像游戏中一样，没有武器，怎么打仗，又如何能胜呢？但这三种武器只是举例，你不会这三种而会其他的武器也是一样的，如财务、修车、电工等。

年轻应拥有的素质

在外打工的多数农民工兄弟姐妹，多处在花一样的年龄，年轻是最大的本钱，年轻使得很多事情都有可能实现，都有时间和精力尝试。但年轻也是唯一的资本，而且这种资本，一旦消失就永远失去，不会再生。所以，年轻时一定要珍惜光阴，珍惜光阴就是珍惜生命，否则就是在慢性自杀。要实现梦想，就必须具有以下素质：

求知素质：要具有主观的、主动的求知欲望，自己求知，才会发现人生的美好，进而通过求知提高自己。

受教素质：要善于听取长者和他人的批评教导，如此，才能像海绵吸水一样吸取知识，从而使自己受益。而不是自己什么都不是，又听不得别人说。

诚实素质：不懂就问，不不懂装懂，也不撒谎，诚实是做人的好广告。

朴素素质：不爱慕虚荣，少做虚伪的事，你就会将时间和精力用在求知受教的方面上，为工作和人生铺就一条成功的路。而不是不干正事，喜欢漂亮的手机，瞎说乱讲，无所事事。

行动素质：人是活在地上的动物，不是不食人间烟火的神仙，是行动成就人生，而不是幻想。所以，理想和愿望，如开个小店、找女朋友、找好工作、找个好男朋友等等的愿望，都需要用行动才能实现。

温家宝总理：“知道不是最难的，行动才是最难的。”

寻找个人兴趣

越早知道自己的兴趣所在，你就越早走在成功的路上。

没有兴趣的事，你不可能愿意干，也很难干得好。有兴趣，你才会充满想象力和创造力，更能持久地去追求。很多人自己都说不明白自己喜欢什么。怎么知道自己的兴趣呢？

首先，你要回归你的心灵，看你的内心追求的是什么。爱求知并有受教的素质，才能尽快地发现兴趣、爱好兴趣。其次，你要参与社会事务或一些活动，这样你就会有很多机会接触事物、了解社会，从而触发自己的兴趣所在。最后，兴趣是用行动触摸、行动去追求、去尝试的，行动才会发现自己的兴趣是什么。不要像我，四十多了，还在这里写兴趣是什么意思。

吉峰：单单在头脑里想象的并不是兴趣。兴趣需要动脑（学习思考）动脚（行动）中体现。

日常学什么，怎么学

多干正事，关注社会事务，认真读书，追求真理，当你具有了独立意识和自由思想，就是自己人生变化之日，世界改变之时。经常和身边的人交流人生的意义，而不是说，昨天麻将又输了多少钱，喝了多少酒。

报纸学习：车间、宿舍和报摊上，能经常能看到各种政治、经济和社会新闻，也有事关打工切身利益的新闻和深度报道，看了可以了解政策走向、知道权利和权益。若有兴趣，可以留存起来或做剪报，日子久了，就是学问，就是有见识的人。

网络学习：网络庞大，有各种想得到和想不到的知识。看了不能白看，要利用免费的网络空间（如博客、邮箱）存储起来，达到了一定浏览量，再加上思考，你就具有了对问题全面了解的知识了（参看30个知识网站）。还可以通过网络，结识各种有趣或“臭味相投”的人，学习同时，扩大交往圈和社会关系。

讨论学习：讨论可以避免对事情的表面和片面的认识，增加全面认识，交志同道合的朋友，看到真实、发现真相、交流思想、促进提升。

参与社会：“纸上得来终觉浅，绝知此事要躬行”，书本和表面知道得再多，还是要通过参与社会生活、公共生活，实现实在，体现价值。

学习日记：将以上学习方式和“记日记学思考（主题）”结合起来，你的思想和认识社会的速度，将比飞机还要快。

读书知世界：人类五千年历史，发生了太多太多的事情，多得在今天这个时代你已经找不到一件新鲜事了。读书可以了解整个人类历史，感受人类过去的美好和罪恶之时，反思现在的人生和社会。你可能会发现。现在看起来好像信息很多，事情很花花，但大量的虚假掩盖了真实。

《阿伯特》：为你自己请一位良师，结识一位益友。从困惑中解脱出来。（《阿伯特》第17—22页）

向温家宝总理学习：书儿里面有世界

即使是在生产线上打工，知识面也要广一点，没人愿意一辈子打工。怎么才能不一辈子打工呢？

首先，读书是一个寻找出路的望远镜。能长知识、得发展、解困惑、知世界、懂自己、得经验、受教训，避免走错误的道路。其次，你可以知道几千年以来的人类历史，知道都发生了什么，免得无知。最后，读书不仅仅可以使你改变打工困境，更重要的是可以将世界展现你的面前，使你明白人为何物，应当如何行，而不是只关注肉体所需的吃吃喝喝、浑浑噩噩的事。

一个人的内心就是一个丰富的世界，人本来就拥有世界。读书可以帮你看到这个世界。

怎么读书呢？开始可以根据自己的兴趣读，然后可以列一个简单的读书计划，设立一个目标，有目的、有方向地去读。好书要专心地读，反复地读，精彩的段落甚至要背诵下来，最好记心得笔记。一般的书就可以泛泛地读，随便翻翻。

读什么书：读历史书、读社科书、读兴趣书、读教导人的书。

可以和同事工友交流一本书的心得，讨论不同的看法，互相促进提高认识。一旦你把某一本教导人的书读透、读熟、读精，你便可能具有独立思想，甚至可能自己建立起一套思想体系，受益无穷啊。什么厚黑学之类的无耻书，要唾弃。

温家宝总理：我最大的爱好就是读书。读书伴随着我的整个生活。我把别人的睡觉时间拿来读书，晚上回宿舍，同学们都睡了，我总是读到最后熄灯。

记日记学思考、得自由

日记记录成长经历，更重要的是帮助你获得思考的能力。记日记是一件正事，记录人生的同时，还可以反思自己的作为，培养思考能力，锻炼写作能力，一举多得。

当你逐渐养成记日记的时候，你会吃惊地发现，一旦思考着记日记的内容，很多时候竟然不是刚开始日记的感想，若是这样，就证明你已经开始具有了思考的能力，并通过思考的能力发现了事物的深刻，恭喜你！

有所不为，才是自由！

记日记是一个人可以高尚的时间。

张建辉　图

卢梭：自由不仅在于实现自己的意志，而尤其在于不屈服于别人的意志，还在于不让别人的意志屈服于我们的意志。（《山中书简》第8页）

记日记记什么

除了第三篇“个人事务篇”上所说的工资要日记以外，日记是你自己的日记，属于私人日记，你可以日记自己想记的一切，如交友、学习、生活、思考的事，工作中发生的事，以及思想和情感。

每天日记，不但可以日记每天的事务，还可以培养思考和写作能力，同时反思自己的作为，养成做正事的好习惯。自己通过日记，用自我对话和思考的方式，提升对事物的认知水平、改善自己的为人处事的能力，好处多多啊！

一不小心，有可能成为诗人、作家之类的。

养成做正事的好习惯，不会虚度光阴。

加班费记得清，每天挣多少钱都清清楚楚。

一天当中所说的话、所做的事，可以知道不足和改进。

锻炼思考和反思能力，从而指导自己做人做事。

对人和对事物的分析判断能力得到提高，识破身边人的谎言。

当日记家庭和婚姻的内容时，你可以保守家庭，自我矫正不谐之忧。

很多其他的好处，你来在此书写吧！

吉峰：除了日记和思考，日记也是精神和心灵层次上的对话，可以提升你的道德和精神状态，去除内心浮躁，坚定追求。

时间安排

认为只有有钱后，或者不上班有整天的学习时间，才能有时间学习的人，大错特错，这样下去，一辈子也不会有时间。等于是在为自己找借口，浪费光阴。

要学会利用不同的时间段，逐步和积累地学习，晚上加班后、睡觉前，不加班的时间，停工待料的时间，休息的时间，坐车的时间等。

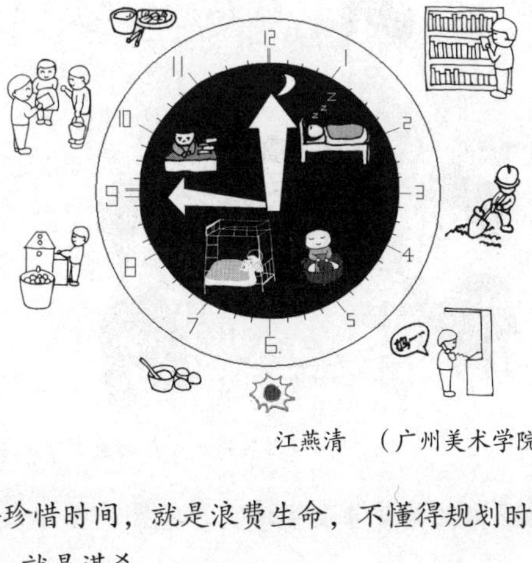

江燕清　（广州美术学院学生）

吉峰：不懂得珍惜时间，就是浪费生命，不懂得规划时间，就会一事无成，不尊重别人的时间，就是谋杀。

吃饭文明

一天吃三顿饭，不是小事情。怎么吃饭，这是个问题吗？

闭着嘴唇吃饭，尽量不发出声音，不在封闭的空间和人群中吃带有异味的食品。咳嗽的时候将头转向一边，来不及用纸巾，就用手捂住。

夹菜的时候，尽量动一次筷子夹完一个菜，可以用勺子和碟子配合。不要每次夹一点，连续多次地夹一个菜，影响他人用餐，显得无礼。

尽量由一个人负责和服务员沟通，免得众说纷纭，一个人刚向服务员提出要求，随即好几个人便提出不同的要求，服务员无所适从。

转到自己眼前的菜，想吃就夹，更可以先夹到自己的碟子里，慢条斯理地吃，免得刚吃完一口菜，就立刻去转盘子，转到跟前夹菜吃一口，然后又立刻转盘子，影响别人用餐。

吃饭时小声讲话。

吕霭薇　（广州美术学院学生）

吉峰：回家吃妻子做的饭是享受生活。自助餐、各自点餐吃饭是用餐好方式。

怎么讲话，如何倾听

怎么样说话好?

如果是坐在一张桌子上：注视着说话的人，眼睛看着他的面部，上下额头到鼻子中间，左右两眼十字之间的区域3秒钟，然后移走视线，稍后继续重复。若是距离远些，看着他的面部就可以了。若再远些，看着他讲话就可以了。这种倾听的注视，显示出你的为人素质，一是显示你尊重人（获得别人的尊重谁不高兴呢），二是显示你是个专注的人，专注才能理解和受益，三是认真，一个认真倾听别人讲话的人，必然是个做事认真，值得信赖的人。

他人讲话时认真听（边听边思考），听完后，自己再讲，尽量不打断他人讲话，也不抢着讲话。讲话前，先将要说的话想一想，你就会发现，很多话其实是不必讲的。不要自己说个没完，给他人留出讲话时间，发现他人讲得好，就可以表示出赞赏和认同。

开会或听讲座，经常做笔记，是个好方式。

李洁 （广州美术学院学生）

吉峰： 人有两个耳朵一张嘴，意思就是要多听少说。婴儿出生时都不会说话，听人讲话多了，才学会说话。倾听是说话的基础，是说话的一部分。忌无节制、不顾及他人感受、自以为是的滔滔不绝地讲话。尊重他人，他人才会尊重你。

交朋友要好意思

为什么交朋友？人之所以为人，一个重要的方面是因为人是具有情感的高级智慧物。交朋友是人的高级活动。正常的情感需求，使人得到情感的满足和愉快，并能帮助人说正确的话，走正当的路。情感是人与人之间彼此相互需求的，需求情感和给予情感都是平等和公平的。主动表现关爱他人的人，更是一种难得的宝贵能力和品质。

打工在外大家都需要朋友和情感支持。如果缺少正常交朋友的情感，就会发生情感困惑和心理障碍，影响人的正常生活，甚至可能使人走火入魔和出现无法预料的后果。交朋友没有什么不好意思的，反而应该是很好意思的事。可以先通过短信、一本书、自我介绍或一件事开始相交。

吉峰：人都想交朋友，而不是交恶人，但恶人之间也以朋友相称。

交友的外在表现

嗨，朋友，你好！

主动打招呼：表现出热情、尊重、活力和友善。
主动自我介绍：显示尊敬和亲近人。
聊天过后发短信：显得你重视对方，懂得联络感情。
讲一段故事或说一件事：给人印象深刻，能显示出思想和见识。
主动关心人：谁不喜欢被人关心呢？
聊生活人生的意义：有思想和深度交往的方式，可以检验是不是同道人。

《论语》：严于律己，宽以待人。己所不欲，勿施于人。
吉峰：交友主要在于自己是什么样的人。

交什么样的朋友

坦诚直爽的
朴素实在的
正直勇敢的
不欺骗人的
孝敬父母的
敬畏天地的
经常批评你的
敢于负责任的
无不良嗜好的
尊重和关心人的
有道德讲诚实的
有知识、有能力和智慧的

一个人买了一头驴，事先和卖主讲好了，要回家试用再决定是否买下来。把驴赶回家后，这头驴立刻和一头既不干活又贪食的驴打成一伙。于是，卖主将它牵回给卖主。卖主问他为什么这么短时间就试用好了，他说：我根本不用试了，从它找的伙伴我就知道他是一头什么样的驴了。

《伊索寓言》

吉峰：交什么样的朋友，你就是什么样的人，就过什么样的人生。

交友方式

“朋友乃时常亲爱，弟兄为患难而生”。（箴言）朋友就要互相帮助，以实为实。若不能坦诚交往，不能互相关爱，在困难的时候不能伸手帮助，那就不是朋友了。是不是朋友，不能只是看平常是否语言上谈得来，而还要看实际行动是否言行一致。交友方法如下：

诚实相交法：对所有人表现出诚实。也看别人是否诚实。

宽容法：与人多宽容，但记忆力要好，免得老犯同样错误。

拒绝法：直截了当地拒绝一些不当活动、行为，敢于表达正当的态度和立场，要么得到真心的朋友，要么省却许多日后的麻烦。

试验法：用具体的事情，试验朋友的价值观、胆量、立场和诚实，看他能否公正地言行。

借钱法：假装借钱。什么？你确实经济困难真要借钱！那就不用装了（警告：此招千万慎用，否则，你身边的“朋友”跑光了，我可不负责）。

直截了当法：不绕弯、不玩小心眼，有事就说，直截了当地相交。

实事法：以实事相交，说得再好，也要通过办实事，才能知道是不是朋友。

建议批评法：对于朋友的为人处世的出格事情，要提出建议和批评，看他是否有坦诚承认错误，接受批评的度量，是否值得相交。

情感交流法：倾诉或听取朋友的情感困惑，对一些事情看有否共同的情感，以了解或检验双方是否具有人的共同情感，如你认为药家鑫杀人案理所应当该死（杀人偿命），她却认为药家鑫属于激情杀人情有可原，不应该判死刑，这完全是南辕北辙的为人处世价值观。若此，就不必相交为朋友了。

困难求助法：有困难先向朋友求助，看能否得到朋友力所能及的范围内帮助你。

张建辉　图

吉峰：人不是靠朋友生活的，而是靠自己。一生当中如果你能有一两个持续相交的朋友，证明你已经够走运的了。

拒绝不是失去

大街上很难出现老虎吃人的风险，但交友不慎的风险远高于猛兽吃人的概率，也远大于买了一件质次价高的高跟鞋而引起的金钱上损失风险。交友应该是诚实的、快乐的、互相有益和相互学习的，若不能带来这些收获，而是吵架、猜疑、欺骗、诡诈、痛苦和负担，那就不要无益地交往下去了。交友最大的风险是不道德。

自我保护的方法：定期和家人保持联系，常向身边信任的人或朋友说心里话，获得情感和思想支持。身边一定要有知心的老朋友、大哥哥或大姐姐，遇有风险和无知的事，先向他们寻求指导，以避免高风险。

交友拒绝方法：一些“好人”可能经常邀约你出入一些花花场所，干一些出格的事，你要经常地拒绝并远离。要懂得并善用拒绝方式，拒绝不当言行和社交活动。不懂得拒绝，就必陷入浑浑噩噩没有意义的生活中。

因为你不拒绝，所以很多麻烦找上你。因为你不拒绝，所以，很多恶人爱上你。没有原则和选择性的交友，只能给自己带来败坏，浪费时间、金钱、感情和生命，而且，还会损害自己的人品和声誉，及至意想不到的损失，甚至影响你一辈子，终身悔恨，切记切记要慎重。女孩子出入娱乐场所，要像进入没有围栏的野生动物园一样，怀着提心吊胆的警戒心。不但拒绝还要远离不干正事、游手好闲、搞搞震的所谓男孩子。

吉峰：拒绝不当是获得、是保守住本分，而不是失去。人是群居的智慧性动物，交友是人正常和高级的情感生活，美好的朋友和情感交流，让人感到幸福和欢乐，虽然有风险，但不必因险废友。交友的原则应该是“远离恶人，拒绝不当，己所不欲，勿施于人”。

养成健康生活方式

人是由具体的生活方式健康人生的，而不是发誓或决心。健康的生活方式应由具体的行为体现为良好的习惯，才有实际意义。

酒要适量：醉酒伤身并失态，失态就会失礼，甚至影响自己的声誉，箴言上说："醉酒使人亵慢"。

不打麻将：麻将无益，完全可以不打，不要以社会应酬作借口。

不做坏事：不抽烟、不赌博、不打麻将，做个女人喜欢的好男人。

远离毒品：绝不好奇，更不尝试，也不在酒吧、歌厅里接受陌生和不信任的人的饮品，甚至出入这种场合都要谨慎。

规律起居：晚上不睡，早上不起，是城市人的通病，没事晚上也不愿意睡觉，到了早上却睡大觉，这不仅仅是睡得晚起得晚的问题，而是不健康的、不上进的生活方式。应当是早睡早起。

珍惜生命：将时间用在提升自己的能力和知识上。

懂得表达，学会赞赏：你若经常赞赏他人，就代表你具有了观察和思考能力，发现人的长处并懂得欣赏，会使你获得一大帮朋友，但赞赏之时却要发自真心。

干正事：业余时间用在读书学识上，用在和家人感情相处上，用在运动锻炼上，用在参与社会生活和帮助人上。

要求自己：主观上首先要求自己，才有能力面对客观上的苦难，才可能有能力接受客观帮助，才能提升或改变自己的人生。

吉峰：一些人，没特长无能力，但脾气很大，只喜爱显露心意，叽叽喳喳、吹吹嘘嘘地说废话没完没了，却听不得他人一句话，这样的人要远离。

习惯改变人生

如果你希望出类拔萃，生活方式与众不同，习惯决定着你的未来。

除非你去改变一些你每天都做的事情，否则，你的生活只能一如既往。成功的秘密就隐藏在你的日常生活行为中。你每天做的事情就决定你自己是什么样的人。我们被锁链束缚，却不知道钥匙在自己的手中。“我真正征服的不是一座山，而是我自己”。（第一位登上珠穆朗玛峰的埃德蒙·希拉里）

在找到合适的灯丝材料以前，爱迪生尝试了一万多次，才获得了成功。

拉里·伯德——NBA传奇人物、历史上杰出的篮球明星，但并不是具有天赋的人。他率领波士顿凯尔特人队，三次登上了总冠军领奖台，当之无愧地成为历史上最伟大的球员之一。如何做到的呢？是“习惯”。伯德堪称NBA历史上最出色的三分球投手之一，早在加入NBA之前的少年时代，每天早晨，伯德总是先练习500次三分球投篮，再去上学。正是养成了这种好习惯，帮助伯德在NBA的生涯上获得了成功。

美国芝加哥大学本杰明·布鲁姆博士开展了一项对杰出学者、艺术家、运动员、钢琴家、雕塑家以及各个领域人员的研究，时间前后长达5年。选取了各个领域中最杰出的20位成功人士进行匿名访谈，还对这些成功人士的家人和朋友进行了补充访谈，以解释究竟是怎样的共同点使他们成为成功人士。最终，研究结果表明，不是天才和天赋造就了这些原本为普通人士的非凡成就，而是坚忍不拔的好习惯，即不畏挫折与失败，并能在实践中不断追求与完善。

好习惯结好果，坏习惯酿恶果。

注：本页全文摘自《习惯的力量》第17—44页。

纪伯伦：你日常的生活，就是你的信仰（殿宇）。（《先知》第193页）

懂得照顾自己

懂得照顾自己的含义是：为了提高自己的生活质量和品质，赶紧地求知，而不是多吃两块肉，买件时髦衣服，换个好手机，抹名牌化妆品，累了还要向别人请假休息两天。

一觉得没意思的时候，就赶紧学习照顾自己。

一觉得没事的时候，就赶紧读书照顾自己。

一觉得不知道该干点什么的时候，就赶紧思考人生的意义照顾自己。

一觉得所干的事是没有意义的时候，就赶紧干正事照顾自己。

最宝贵的都是免费可得的

打工者生存的艰辛，一百本书也写不尽，经常会想的一个问题是，什么时候我才能不打工呢，什么时候我才能有钱呢？其实，天下最宝贵的，都是免费可得到的。

如水、空气、自由的心灵、思想、信仰、阳光（光明）、道德、诚实、团结、感情、权利和责任。

公平在空气和阳光里自由流动，公义的阳光始终照耀着每个人。当心灵认识到自由的力量之时，你就会拥有一种无可阻挡的力量，人生改变，将从此发生。

这些免费的宝贵，才是决定人以人的形象站立在天地间。

认识到人生宝贵之处，你就明白，作为一个人，你可以也应当拥有完全的权利，行走在人世间。凭人的尊严、权利和平等，而不是凭金钱，但你也有权获得金钱。既要有钱的保障，更要有权利，钱更应该是靠权利保障来实现的，而不是不择手段。

吉峰：若你想和有钱人讲道理，你要口里讲道理，手里还要有力量，最好兜里还要有钱。

30个不

不？不！不。

年轻不能不知天高地厚，说话不能不着边际，做事不能不自量力。对待学问要不耻下问，对待工资要感到不对劲，处世为人要不卑不亢，愤怒的时候可以不动声色，犯错误的时候要感到不好意思，对待他人的错误要既往不咎，借别人的钱不能不了了之，遇到不公正的事要不平则鸣，对待自己的能力提升要不可终日，工作时不能不劳而获，公司政治不搞不正之风，心灵不能成为不毛之地，不交不三不四的朋友，打工者的团结要不约而同，对他人的赞扬不能不识抬举，着装不能不修边幅，挣钱不能不择手段，发财不发不义之财。免得人生不学无术，最后一命呜呼不省人事。

吉峰：要懂得说不，要坚定说不，要经常地说不。说不，是对正确之事对立面的拒绝，是对正确和美好的保守。

绝不逃跑

面对困难，绝不逃跑，如男女性关系上、借钱还不上了、女朋友怀孕了、房租交不起了等，错了或有困难难免，谁不犯错误或没有难处呢？但不面对解决，还要逃跑，可就是错上加错了。男人要敢作敢当，无论是大丈夫，还是大豆腐，起码的。男人逃跑损失巨大，远不如敢作敢当，即使担不起。

举两个消失或逃跑的例子给你计算一下，好好想想，还要不要逃跑。如下：女朋友怀孕后逃跑：给女孩造成终身伤害，自己一辈子良心受折磨，而且亲人还要替你还账，脸面丢尽；借钱后消失：人品失去，声誉污损，整天提心吊胆躲着债主，可能还要跑到另外一个城市重新混起。逃跑，整个朋友圈你都会失去，而且，自己责备自己不说，还可能养成破罐子破摔的不良习气，损失大了，警惕吧。

建议：不消失、不逃跑、电话也不关机。若是女朋友怀孕负担不起，一方面要安慰女孩，坦诚向她说明情况，承诺负责任的态度，请她理解和支持，再向亲人朋友寻求援助。借钱或欠钱到期，以实为实地向债主说明窘状，争取理解宽限，然后向亲朋好友求援，同时，接受大家的指导意见吸取相关教训。你若懂得这样做，不但能妥善处理了人生危机，而且还可能化危为机，提升自己面对人生困难的能力，显示出你的人品诚实力量，甚至可能会获得他人欣赏和发展机遇。

陈筱蕾　（广州美术学院学生）

吉峰：如果确实想逃跑……那也不能逃跑。人生没有逃跑的路啊，否则，我早跑了。

诚实是财富

诚实是永久的财富。有钱只能证明你有金钱，而不等同于你拥有财富，更不等于你有智慧。用诚实的方式去赚钱比用钱赚钱好得多，你若诚实待人，必将焕发出巨大人格魅力，不但可以成就人生，而且也可以拥有金钱。

金子和大蒜

很久以前有一位犹太小伙子，赶着装满大蒜的驴车，一路跋涉到了阿拉伯地区。国王和大臣们从来没有见过大蒜，想不到世界上还有这么好味道的东西，因此，他们热情款待了这位犹太人，为了表示感激，临别的时候送小伙子两袋金子作为酬谢。

一位商人听到后心里想："我要挣更多的钱，大葱的味道不是也很好么？"于是，他拉了一车大葱来到了阿拉伯地区。国王和大臣们没吃过这么美味的大葱，甚至觉得比大蒜的味道还要美。他们更加盛情地款待了这个商人，国王和大臣们经过再三商讨，为了表达最衷心的感谢，虽然有些大臣反对，但国王决定赠给商人他们最宝贵的东西——两袋大蒜。

摘自《圣哲箴言》

吉峰：诚实不等同于金钱。拥有诚实也未必得到金钱。现实世界里，很多时候可能还会相反，否则，天下的人就都是诚实的人了。

志愿服务是了解社会的渠道

参加志愿者，可以得到了解社会的渠道。能接触到难以接触到的事物、人员、社会真实和某种可能。若用心，力所能及为社会做点事的同时成长自己。这两年有不少社会组织、民间组织、公益组织都招收志愿者，如各种的社工组织。

吉峰： 不是穿一件红马甲，就高人一等了。哪里有人，哪里就有人际关系。把身份和心思摆正，做本分的事，收获正当。

赢得信任是实在的机遇

一些打工者经常苦恼和说的一件事是：没有钱。只要有钱，就可以开公司、做买卖，挣大钱、当老板。非也！没有钱是事实，但没有钱不等于就挣不到钱，而且，也不是只有钱，才能挣到钱。更不是有钱了就一定能挣到钱，钱是投资的资本，赢得信任也可以是。

信任是要赢得他人的信任。赢得信任的基础是为人的诚实，在同人实际相处中，通过展现出自己的诚实能力和人品，就有可能会得到做事和挣钱的机会。而且，这种钱挣得也安稳。

赢得他人信任是一种现实的能力，深处社会底层没有资本的优势，以诚实、态度和实际能力赢得他人的信任，是朴素的实在方式。但是，尊重和信任诚实的人并不是很多，一些有钱人也是一样。

吉峰： 赢得他人的信任，首先自己要踏踏实实。不要以为白白地为他人付出，就一定得好报，更不是有钱人说什么，你都屁颠屁颠地跑着去办，免得赔了夫人又折兵。

敢于想象，才会有作为

没有想象力，就是把自己禁锢在思想的监狱里。

要敢于想象，你才会发现自己和人生的丰富，通过想象你才会实现真实。若没有想象力，明天都不会知道干什么、能干什么。不要限制，更不要自我否定自己的思想和想象能力，展开想象，让自己的想法丰富起来。只有思想丰富了，才会知道做什么、怎么做，才会发现自己的潜力，才会有可能地有所作为。

从自己所经受的困苦，就可以想象出不对劲的地方和应当的美好。想象是实际能力得以实现的第一步。只有敢于想象，你才可能实现。好好地想象！大胆地想象吧！

张建辉　图

广东省委书记汪洋：“拥有梦想，积极奋斗。”

人生不打折

经济上的打折行为，实际就是故意欺骗。明明不值应当的价值，定个虚假的高价，然后大幅打折卖给人，表面上好像好心的便宜给你，实际是互相欺骗。

一些“聪明人”，通过打折自己的诚实、道德和人生，将自己卖给不同的人和事，获得金钱和恶行。这种打折是人格的自我贬低和毁坏。打折的经济形式后果，是泡沫经济、是伪劣产品、是互相欺骗。打折人生的后果，是生命自残、是社会沉沦、是道德败坏。

吉峰：不嫉妒他人的钱财，不过打折的人生。

爱自己爱家人爱他人爱社会

没有人会说自己不爱自己，但什么是爱自己呢?

就是不浪费光阴、认真做事、诚实待人、努力学习、承担责任。抽烟、打麻将、喝大酒、网上聊天骗人玩是虚度生命，说得严重些就是在谋杀自己，而不是爱自己，不要搞反。

只有真正地懂得爱自己的含义，你才会爱家人、爱他人、爱社会。只有先爱自己，有能力爱自己，才有能力爱家人、爱他人、爱社会。

好好爱自己吧，你的家人、他人和社会都等着你爱呢！

吉峰：爱自己不是狭义自私的意思，只有首先懂得自爱，才会爱惜生命，爱自己后，才会爱及他人和社会。真正地爱自己，一定是意识到了人生的美好之后。

钱？ ＋ － × ／！ “” ¥

钱是个永远逃脱不了的大问题，必须认清钱是什么，否则会陷入心魔。

？　钱是什么：应该首先将钱看为人的天然生活保证，而不应视为物质上的占有，至于今天的现实非如此，乃因人类的自我聪明造成。

＋　如何挣钱：加班挣不到钱。技能挣钱，知识挣钱，诚实挣钱，智慧挣钱。

－　如何花钱：生存保障，衣食住行，体面尊严，丰富生活。己有能，勿自私。毫不炫耀地接受财富，同时又随时准备放弃。（《沉思录》第99页）

×　想挣大钱：己所不欲，勿施于人，君子爱财，取之有道。

／　钱多了怎么办：房屋千栋，夜眠六尺，百味珍馐，一碗饱食，万贯家财，德性传人。

！　想钱想得开：钱多了，看钱为重，视人为物，实际已经是被钱淹死了。钱太少，没有钱，也要想得开，否则，穷得都想不开，怎么能挣到钱呢？

“”　钱的现实：贫穷人连邻舍也恨他，富足人朋友最多（《箴言》第14—20页）。贪爱银子的，不因得银子知足；贪爱丰富的，也不因得利益知足（《传道书》第5—10页）。钱能叫万事应心（《传道书》第10—19页）。

¥　钻钱眼：嫉妒他人钱财，是自我毁坏。因为，当你嫉妒他人的时候，你已经失去自我，钻进钱眼里去了，这样的人，往往做人和挣钱两头都得不到。

张建辉　图

申命记8-3：使你知道人活着不是单靠食物，乃是靠主口里所出的一切话。

思考

什么是思考？思考有什么用？思考和不思考的差别是什么？思考即思想，无思考没思想，没思想，不成人。

什么是思考呢？思考就是运用智慧思想认识事物，能对事物作出认识、判断和选择的过程，思考是思想的抽象活动，非物质的，思考决定人的思维状态。比喻来说，思想是人的司令官，而肉体是士兵。

思考有什么用：思考的作用就是人自己可以通过思考引导和教育自己。明辨是非，认识事物，趋利避害，并通过适宜的方式，行动作为。没有思考，就不知怎样行动，不知应该做什么、更不知怎样做。没有思想，只知道吃喝，失去生命，不能活出人的生活和形象，就是一个臭皮囊，身体活着，生命已经死亡了。

思考和不思考的差别：可以通过思考，辨识没有经受过的事物，可以理性地对事物作条例分析和逻辑思维。一定程度上，可以对事物做出正确的判断。具有了思考能力，就等于拥有了人的基本能力。生活当中的多数事情，可以通过思考得到认识，尤其是关于做人和做事的方面，而对于道德和人品的方面，完全可以通过思考获得的。这是宝贵和丰富的。

人是天生就具有思考、思想能力的，虽然后天可以提升。人是具有智慧的灵魂物。不懂得思考，就等于没有思想，失去了成为人的可能。

必须懂得思考，否则，人生就失去意义。必须学会思考，否则，人就不成其为人。必须经常思考和反思，否则，就会一辈子陷于愚昧困苦当中，而无知作为人的美好。

你想发财吗？你想找个好丈夫吗？你想找个好工作吗？你想学习知识吗？你想拥有权利吗？这些，你都需要首先懂得思考，才能明白其意义及判断或拥有。

马可·奥勒留：那不知道世界是什么的人，也不知道他自己在哪里。（《沉思录》：马可·奥勒留著，第105页）

文凭、知识和智慧

文凭是道坎。不为文凭而学。有无文凭都要有知识。

现实中文凭可以帮到人，但文凭并不能决定人生，没文凭也一样可以成就人。一方面，文凭是资格、门槛和限制。现实世界，没有文凭，很难混，很多时候连面试的机会都得不到，问题很严重。另一方面，真文凭和假文凭都泛滥。真才实学的文凭，令人尊敬，但一些持有文凭的人却没有能力，而有能力的人因为没有文凭，又得不到机会。懂得做人做事的，拥有真正的干实事的能力才是最重要的，而不是虚假不实的一纸文凭。

知识有两类，一是作为人的直觉知识，来源于人的心灵，二是来源于书本上的知识（包括经验）。直觉知识在于人的本质选择，书本知识来源于自学和教导。智慧是高级的抽象思想，是一种灵性的活动。智慧高于知识并包括知识。什么是智慧？箴言上说："敬畏主是智慧的开端。"

智慧的作用

两个拉比（老师）在谈话，智慧和金钱哪一个更重要呢？当然是智慧啊！但是，如果智慧更重要，为什么贤人为有钱人服务，而不是有钱人为贤人服务呢？不都是学者在讨好有钱人，而有钱人对贤人则傲慢无礼吗？那太简单了。因为贤人懂得金钱的难得，而有钱人不懂得智慧的重要性。

吉峰：考真文凭，学真知识，靠谦卑得智慧。不学什么打工皇帝花美元买"西太平洋大学"博士文凭。

权益、权利、权力和人

权力是什么？出自于哪里？为什么？这是个问题。

生活和工作当中，人拥有权益，权益是应该享受的不容侵犯的权利，是法律赋予每个公民的权利。权益来源于权利，权利来源于权力，权力来源于人。而实现权力，就要做一个自由思想、行为负责的人。怀着谦卑的心，敬畏上天，遵守道德，追求信仰。

张建辉　图

茅于轼：多数人不懂得现代社会的处世原则，要么是还处于一些缺乏理性的“文化大革命战士”，要么是还处于逆来顺受的奴隶状态。（《无悔的历程》第67页）

自尊、自立、自强、自信

什么是自尊？什么是自立？什么是自强？什么是自信？这四个词，关乎认识自己作为一个人的基本知识，明白这四个词，尤其是对于那些身处困境，又怀着追求美好生活愿望的蓝领和白领的打工者，有着实在的应用价值。懂得这四个词，你才可能具有奋发向上动力，才能不绝望、不埋怨、不虚伪、不寄托而有所作为，才能从农民工转变成为一个拥有梦想、积极奋斗的人，进而实现人生的美好。

自尊：首先，是自己尊敬自己为人的意思；其次，自己尊敬自己，他人才会尊敬你；最后，尊敬自己须凭外在的行动体现。自己尊敬自己，就是要做应当的事情，即使身在困境当中，也努力向上，这是自尊的内容和实在。应当的事就是自己力所能及应当去做并能做得到的事。

自立：自立的基础是自尊。不首先自尊就不会有自立。每个人都是独立的人，首先自己要有自立的态度和认识，自己自立，你才能立得起来，否则，即使别人帮你一辈子，即使全世界的人都来帮你，你也不可能自立，更毫无意义。通过认识人的生命美好，树立正确的价值观念，立定做人做事的准则，然后自己的事情自己做，努力做好，就是自立了。

自强：有了人生追求，不是空想寄托他人，而是敢于行动实现，自己奋发图强做人做事，自己自强的人生过程，是自强的核心。否则，自立就会成为空谈。在自立的基础上，坚强面对各种困苦和压力，而后实现自强。自强不是逞能、逞英雄，更不是根本没条件做不到的事而强求，而是站在现实、实在的基础上，通过务实努力、持续追求、不气馁的自强行动，体现价值或实现人生目标。

自信：千万别将自信理解为，只要我认为或我相信就是自信的意思，这是幼稚、冲动、无知或其他，而不是自信。自信的意思是，首先，自信以前认识到了“自”是什么，然后相信这种“自”，就是自己。自己是人，自信的根本是相信人的美好，美好的人拥有灵魂和道德，这是自信的原则性基础。从这点上说，自信的基础是信仰（你可以理解为价值观念）。其次，自身已经拥有一些条件，如经验、能力或资源等，对将要做的事情过程、正确性和结果有预计的确信。这种自信有物质支持或物质与精神想结合的状态。最后，认识到人的美好，树立了价值观念，根本不再为自己所做的事发生怀疑，不为困难、他人口水所困惑，坚定地、毫不动摇地，用行动持续不断地去努力实现自己的行为，而且，在实现过程中，采用的是实在可行的方式，及至最终实现，这些的总合是自信完整的意思表达。这样自信的人，实际已经将身心与价值信仰高度结合了。他已经进入到了常人想象不到的人生状态，这是自信的高级表现形式。

自己信任自己，拥有了自信，是直觉生命的能力，是极其宝贵的一种品质和行动能力，是发现自己何其为人的惊天动地的事。真正地拥有了自信，就等于拥有了世界，剩下的只是自信体现的过程。每个人都可以从自己所经受的经历中得到自信。你可以从敢于想象、直觉真实开始建立自信。那时你会发现，一个真实的世界会出现在你的面前，你再也不会困惑了，但你的精神痛感神经可能会更敏感。因为，你会更敏感，但也更坚强。

自尊、自立、自强可以互为基础，互相促进。自信在自尊、自立和自强之先。一边在实际生活中努力工作诚实做事、改善经济困境，一边努力学习用心思考，逐步树立价值观念，相互结合、实在人生。四个词中四个相同的字是“自”，“自”是四个词中的意思核心，是四个词的本质，意思是，自己是改善生活、改变命运的主角，更是主宰者。自己身上本来就有这种能力，想象他人会给予帮助，是虚伪；向他人请求帮助或希望别人发善心，是靠不住；坐等社会改变或机会降临，是不实在。求人不如求自己，求人不如自己行，别人给予不如自己拥有，自己就能改变自己，自己就是自己的主人，这就是自尊、自立、自强、自信的意思！

如果你记不住，我给你说个自立故事你就记住了。

自立心：一个贫穷的人来到一个富翁家里，可怜兮兮地说：“请可怜可怜吧，施舍点吧。”富翁说：“你有六个儿子，都独立了，各自做着西服、鞋、文具、葡萄酒和花草的生意，而且都很成功。有这么多出息的儿子，为什么不让他们养活你呢？”穷人说：“因为我有自立的心。”

摘自《犹太智慧丛书》

篇尾总结：自己所经受的就是宝藏

人生的意义在于生活过程中的方式，过程体现并决定结果和价值，而不是相反，在过程中活出真实，就是美好。

什么是苦呢？打工者好像没人不说自己过得苦的，但真就是苦，而不能转为甜吗？人生的有趣，真理的奇妙之一是，人可以通过不同的经历，在追求中实现想象、难以想象、不敢和没有想象得到的事。但一旦实现了，你就会发现，所谓的“成功”，也是很普通的，你反而不满足了，其中的重要原因之一是，你没有从自身的经历中获得真实的宝藏，这个宝藏指的是知识、经验、诚实、智慧、道德、责任、行动和一切向上力量的总和。

“你必须自己开始。假如你不以自己的方式去为自己揭示生存的意义，那么对你来说，生存就将是没有意义的”（《我与你》第130页）人具有智慧的灵魂思想，可以从对自己的本身认识和对他人及事物的认识，产生道德自觉，这种道德自觉的力量引导人，追求正义、诚实待人、改善自己及至改变社会。

个人发展，在于自己想过什么样的人生，在于个人的思想价值观念的建立或改变。人一定要从自己所经历的，总结出生命的意义，进而实现美好的人生。若不能从自身所经历的过程中发现自己、认识自己，那么，无论经济上你是贫穷还是富裕，实际过的都是虚浮的人生，毫无意义且感到痛苦和虚无。评判人不是以金钱和权势来衡量的，而是以是否具有独立思想、有否勇气做应当的事衡量的。一个诚实的人，在向着正确方向行进，就是成功。若如此，无论你在什么样的岗位上，无论你是谁，也无论你多么的普通和微小，你都是一个人，一个具有高尚之心、充满道德、敬畏真理、顶天立地的人。这就是人活着的意义。

每个人都是平等的。不管你身处何种逆境。人是由自己所相信的价值观念决定自己的，而不是由他者、不公或金钱决定。智慧和力量就在每个个体之中，只要你相信之后有应当的行动，世界就会因你改变！

不能从自己所经历的过程中，发现自己、知道自己为何物，进而行动应当而为，那么，无论你是贫穷的农民工，还是有钱的大老板，你都是一个失败者，看似肉体在活着，但生命已经死亡，只是一个行尸走肉在游荡而已。

珍惜生命光阴，人生就在自己的行动当中成就，祝你成功！

六 性、恋爱、婚姻和家庭篇

恋爱是美好的，怀孕是要负责的

“恋爱”一词在字典上的解释是：男女互相爱慕的意思。如果不是因为爱慕的恋爱，而是为了利益、权势和金钱，就不是恋爱了，而是恋钱、恋性或乱爱了。

怀孕，是女人一生中的大事，在生理上、心理上影响女人一生，甚至是以后的婚姻生活。如果身边的女人怀孕，切记不要对她不好，更不能逃跑，一定要对女人负责（即使你负不了全责），否则，不止一个人的人生可能会被你毁掉。

张建辉　图

吉峰：恋爱只是男女因性别差异而开始喜欢的原始情感。恋爱不是谈出来的。真正的恋爱是婚姻，婚姻中恋爱才是真恋爱。

性爱是重要的，但婚姻是永远的

不尊重异性，就没有幸福。性是人美好的繁衍生命的道德行为。

没有爱和责任的性行为，是动物性的性行为，与爱或性爱没有关系。性爱活动是关系到两个生命纯洁和幸福的事情。美好性爱的同时，繁衍下一代，是神圣的性爱。若不慎性，就是罪恶。性错误一旦犯下，就无法挽回，应将男女之间的性爱关系，看成影响终身的大事，道德的事、神圣的事。切不可随意和异性发生性关系，慎重又要切记！

男人爱女人就是尊重自己。爱之前，责任在先。

性爱是美妙的事，但必须配上道德。

性爱的原则是男人要负责任，女人要自以为贵。

发生性关系的原则是，婚前保守，婚后开放，不要搞反（参见姐姐说给妹妹听）。

单纯为性而发生的性关系，很难结果子，收获的多是痛苦和自责。

性爱是重要的，但婚姻是永远的。

丈夫爱护妻子，妻子尊重丈夫。

吉峰：本人不反对，在不以金钱和利益为目的，也不伤害家庭的情况下，实际地解决性爱需求，而且，要怀着爱心和善意，而不单只是为了性。不学×冠希同志，艳照曝光，都不敢站出来首先道歉说句话，以保护和自己有亲密关系的女人。

同居是什么意思

同居开始可能很甜蜜，过后可能很麻烦，是影响终身的事，要好好考虑，最好要征得爸爸妈妈同意再行！

同居的实质就是婚姻生活，而婚姻生活是两个人以完全的心，相互交托和依靠，这意味着既要有能力，又要以道德作为同居的基础。是要彼此相互负责一辈子的意思。你真的明白这个意思吗？

到这个工厂和这个同居，到那个工厂同那个同居，那是乱居，而不是同居。

一些人会肯定反感我的说法说：“我们同居是互相喜欢，又需要性爱，不谈婚论嫁，只是同居，个人都是自愿，是当面说明了的，过不到一起就分开。你这样说是高高在上的虚伪道德，我们需要性爱不是应当的吗？难道不同居而是与人随便发生性关系吗？还是去做妓女和嫖客呢？”你若如此说，我会提醒你说：你要谨慎。

李洁（广州美院大学生）

吉峰：男孩子和女孩子同居以前，先去见女孩的爸爸说：“我爱你女儿，会为她负责，请你许我和她同居。”

避孕、怀孕

性爱是美好的，婚姻后的性爱才可能牢靠。但婚姻以前，人就有性爱的需求，而且也是正常的，可是婚前的性爱，因为需求和条件不匹配，便给人造成很大的麻烦。有时我也搞不懂，老天爷为什么不在人结婚之后，再赐给人性爱呢。现实的解决的方法就是避孕，免得给自己、给他人带来麻烦甚至是伤害。

女人怀孕是事关一生的大事，绝不要以为有两个臭钱，打胎就可以解决了，这会影响两人或两人以上的婚姻生活。而且，以打胎的方式，结束男女关系、恋爱关系，不但对身体有伤害，而且不道德。

我这样说，是纯粹地把性爱看作是美好的事，可不是赞成你，只要避孕就可以随便性爱了。有男人在女孩怀孕后就消失了，这样的人，揍他一顿都不解恨。

避孕方法	适合人群	可能优点	禁忌	可能缺点
避孕套	男性	简单、安全	不清楚	不清楚
短效避孕药	未婚女性	快速有效方便	慢性肝炎、急性肾炎、高血压、乳房肿块、生殖器肿瘤等症不适用	要按说明书服用，不宜漏服。可能有呕吐感
上环	已有子女	省事省心、安全有效	经妇科检查无禁忌者	不清楚
皮埋避孕药或避孕针	女性	一次手术、长时间有效	须听医嘱，按说明书使用	见说明书，可能有呕吐感

吉峰：怀孕怎么办？答：性爱以前就要知道怀孕怎么办，承担什么责任！

家庭是人间的天堂

婚姻是肉体的天堂，家庭是人间的天堂。

家庭是人肉体存在的本源，是社会存在的基础，常和家人在一起吧。家庭是人生保障，是休息的港湾，是亲情的相护依靠，是幸福的来源。要重视家庭、爱护家庭、保护家庭。男人若不珍惜家庭，虚荣社会的名分，社会就堕落了。将事业排在第一，为事业而轻视家庭的人是愚蠢和罪恶。

常在家里和亲人在一起，而不是一宿不回家在外打麻将。
常在家里和妻子一起做饭，而不是有小姐陪着唱卡拉OK。
常在家里和孩子谈心，而不是同所谓的朋友在酒楼喝大酒。
常在家里和父母聊天，而不是在酒吧里扔骰子。

张建辉　图

吉峰：多呆在人间的天堂里吧！

男人该做的事

男人天生对世界负有责任。应以承担世界责任的心爱女人、爱妻子。

男人爱妻子就是爱自己，爱妻子就是爱家庭。

男人爱女人就是爱男人自己，不应只是以性爱之心爱女人。

男人承担着家庭的责任。尊重妻子为自己身上的肉，为自己生命的一部分，而不是只将妻子看作是孩子他妈。

男人不可随便，若同女人有了性爱关系，就要对她负责。

男人同女人的性关系，决定着这个男人的品质。

男人和女人的关系是道德关系，家庭是世界存在的基石。男女关系的沦丧，将使家庭崩溃世界崩塌。

吉峰：女人因受男人伤害而流下的眼泪，上帝都会感到愤怒。尊敬和珍惜每一个与你相处的女人，善待她们。

说给女孩子的话

美丽的女人谁不爱呢？美好的女人，哪个男人不向往呢？可爱的女人，谁不喜欢呢？做个好女人吧。

女人要自以为贵，自以纯洁为宝贵，自己珍惜自己。女人自己若不自以为宝贵，就会轻浮地同男人交往，羡慕堕落的自由，轻者随便与人恋爱同居，重者视滥交为自由平等。

女为悦己者容的己，是女人的丈夫。为丈夫喜欢的而美容（行为），而不是为了其他男人的眼目。女人不要强硬，温柔地对待男人和丈夫，是女人的美丽和力量。不可轻浮，轻浮就会失去女人的本质和宝贵。

什么是自以为贵呢？你本来是宝贵的，但因为别人不尊重你是宝贵，所以，你就拿自己不当宝贵了，结果是，因为你自己不以为贵（而不是因为他者不认为、不尊重你为宝贵），便轻视随意对待宝贵，结果便失去了宝贵。

什么是自以为贵呢？就像埋藏在沙子里的金子，即使没有摆在商场的柜台里，或没戴在人的手指上，她也仍然是金子，金子什么时候都是金子，金子绝不会以为自己是银子或铜铁之类的。

吉峰：自以为贵不是骄傲，而是自己保守住自己的宝贵。女人的纯洁和本分，是女人天生的宝贵。金子不会将自己看作铜。

子女教育

打工者常和子女天各一方，子女是永远的“财富”，多多重视，好好拥有！

教育孩子懂得如何对人说话、怎么在世间行走，远远重要于书本上的知识。让孩子好好学习考大学，将来找个好工作，而不首先教育孩子诚实和道德，是害孩子而不是爱孩子。

倾听和表达：一家人在一起，讨论事物的看法，互相说话之间，灌输正确人生观的同时，教育孩子学会倾听、表达和思考能力，听从父母教导。

家庭感情：以定期组织家人在一起阅读（读书看报）的方式，建立和维护家庭感情，通过阅读的内容和讲解，使孩子树立是非观念、鉴别对错，也是高品质的健康家庭生活方式。

做家事：买菜、做饭、擦桌子、洗碗、扫地、沏茶做饭等家庭日常的事，是孩子从小就应当做的事。这也是人的生活。这些很“小”的事，决定孩子将来做大事，无论你的家庭是贫穷还是贫富，都应如此。即使你家里有两个佣人。做家事，即能锻炼孩子动手能力，又使孩子爱家、尊重父母，从小懂得朴素生活。

玩耍教育：孩子受社会影响大，常在学校少在家，首先要获得孩子的真实感受和状况。一定要拿出时间和孩子到公园或野外游戏相处，促进感情的同时，了解孩子心里所想、口里所说。然后有备教育。

观察教育：孩子们在一起，是最真实的，鼓励和允许孩子到家里玩，看孩子们之间的表现和所谈论的，对症下药。

孩子在童年期间，快乐地玩耍是最重要的，而不是学习。

最好对孩子的教育方式是，通过具体的生活方式，而不是口里说教。家长做榜样，身体力行也是好方法。

孩子小时候自由快乐的成长，懂得孝敬父母，做家事，平和说话，尊重人，不撒谎，是最紧要的。而不是学习上考高分。

吉峰：每次一给子女打电话，就问作业做没做，考多少分，有没有好好学习，听没听爷爷奶奶、姥姥姥爷的话之类的，孩子会觉得你是在管他，久了会有逆反心理。多和孩子聊聊同学之间的事，生活上的事，困惑的事，孩子有兴趣的事，孩子便会知道你爱他、关心他，就会容易听从父母的教育了。

尊敬父母，爱护兄弟姐妹

尊敬父母，兄弟姐妹互相关心。亲情是人伦的基本，越是生活困难和地理距离上的远隔，越是要联系和重视亲情，而不是相反。

永远尊敬父母，即使你不认同父母所说的某些话。在外打工，父母会经常惦记着你。每星期给父母打打电话，问候问候说说话，不但让父母宽心，也是孝敬父母的实在方式，是作为儿女当做的事。

爱护兄弟姐妹，珍惜亲情，尊敬哥哥姐姐，听取他们的指引，关心弟弟妹妹，经常谈人生的困惑和意义。努力学习，共同成长、少走弯路，家人一起共同树立正确的人生价值观，是幸福的生活。

《弟子规》上说：兄道友，弟道恭。父母教，须敬听。

吉峰：做兄长的，有责任为兄弟姐妹做榜样。做父母的，应当教育儿女走正路，而不是为了挣大钱。

篇尾总结：道德的两性关系

家庭是人类的基石，不重视家庭，就会失去人伦道德，永无安宁，社会也不会有好果子。人类存在需要纯洁的两性价值观作为家庭保障。婚姻需要用道德保守。人没有道德，就不成为人。在道德上站立起来，你在一切的事上就都会有力量。

婚外情、有钱人的情人、包二奶、一夜情、随便的性关系，刚开始的时候好像挺刺激，但都不能修成正果。为了钱发生性关系，失去的是人的形象，为了性发生的关系，人变成了动物，结局往往是青春失去、人财两空，最后破罐子破摔走火入魔，整个人生都毁掉了。

恋爱、性关系、同居、怀孕、婚姻和家庭，都要以生活方式、价值观念为基础，而不是权势和金钱，否则就是自我毁坏。

两性关系就是婚姻关系、道德关系。婚姻的关系就是男女肉体和精神上的高度结合，是两个生命合为一个生命的高级形式，所以，《创世纪》上说："因此，人要离开父母与妻子结合，二人成为一体。"可以说，破坏婚姻，就是犯罪杀人。

两性关系就是道德关系。只有承认和尊重道德的实在性，两性关系、婚姻家庭才能得以真实存在。若以为没有道德不是犯罪，只视道德为一种抽象的精神思想，那罪恶的就不仅仅是两性关系了，而是整个人生了。

茅于轼：中国社会的深刻危机在于道德的缺失。（《无悔的历程》第67页）

七 270个知识篇

10个年轻优势

因为年轻，所以，谁都喜欢。

因为年轻，所以，一切有可能。

因为年轻，所以，有很多时间。

因为年轻，所以，有很多精力。

因为年轻，所以，可以向长辈学习。

因为经受困苦，所以，有追求上进的动力。

因为精力充沛，所以，可以在做事的同时又可以学习。

因为思想简单，所以，可以下定决心追求成功。

因为思想单纯，所以，可以接受教导，树立正确人生价值观。

因为没有成家立业，所以，奋斗之时没有负担。

张建辉　图

吉峰：人若只是年轻，则毫无意义。年轻的劣势也是年轻。年轻无知，不知道生命光阴宝贵。年轻不求知，大了什么都不是，老了什么都没有。

20个好习惯

守时
勤刷牙
不抽烟
常读书
记日记
爱思考
少看电视
饮食健康
排队、让座
不乱扔垃圾
记住他人的名字
快速处理生活琐事
看见不会的字就查字典
专注地倾听，保持眼神接触
持续地做某件自己喜欢的事情
小声讲话，说话有序，清楚明了
乘公交车时，先坐靠窗户的座位
将一定比例的钱花在知识投资上
定期和亲人朋友电话或邮件联系
公交车、餐厅和会场内遵守手机文明

吉峰：做一个好习惯和坏习惯的对比表，看看自己有哪些坏习惯，用行动，让好习惯逐步地替代坏习惯（做是动词）。

10个好素质

不浪费饭菜。

3人不横排走路。

见面主动打招呼。

衣着朴素，举止端庄。

不随便扔垃圾，不随地吐痰。

说话清楚、完整，做事认真。

打卡、饭堂、公交和公共场合排队。

报纸可以擦屁股，但是下水道却经常堵。

常关洗碗、洗手的水龙头，常开工厂卫生间的水龙头。

靠近小便池小便，嗨，说的是你，男孩子，你听到了吗？

吉峰： 如果你恰巧发现城市人也有这些毛病，就不要和城市人一般见识。

10个大学生素质

大学生要是没出息，这个社会就没有希望。

真的是学生，而不是混混
大学不是打麻将玩游戏的地方
独立思想
有态度、有观点、有立场
必须知道应该知道的
必须懂得应该懂得的
敢于表达自己的观点
在大学里就了解社会的真实
女大学生不以服装化妆为美丽
男大学生既要有血性又要有骨气

沙龙（以色列总理）：作为一个男人，要敢于公开自己的观点并且为之奋斗！

7个本书关键词

每分每秒的时间流过，就是生命的流失，再也无法挽回。

学习：自己身上具有的，拯救自己的力量。
诚实：从少说谎言开始。
团结：人多力量大。
责任：从自己开始，做力所能及的事。
智慧：不自以为聪明。
道德：决定人之为人的神圣实在。
行动：行动成就人生。

吉峰：高于并决定于这7个词的是：信仰。人是具有灵气的智慧物，承担世界管理和道德为人的责任（坚决反对《现代汉语词典》第5版第1144页中关于人的释义）。

10条打工法则

沉迷网络游戏是慢性自杀

打工，打的不是工，而是人

读书增长知识，麻将荒废生命

行动成就人生，而不是埋怨和牢骚

下定决心，十年做一件事，你必成就

不尊敬女人，就等于失去了世界的一半

不要期望世界改变，改变自己就是改变世界

一个人决心做一件事，整个世界都会给他让路（《阿伯特》）

天下没有无所谓的事情，你无所谓，社会就无所谓地对待你

钱可以挣得少，但是决不能无知，人可以贫穷，但决不能志短

奇装异发、袒胸露乳，只能使你加快地失去自己，而不是丰富自己

靠加班费挣钱，你决不会挣到钱，但将加班的时间花在求知上，你就必会得成就。

林盈宇　（广州美术学院学生）

吉峰：不做三等人：等下班，等吃饭，等开资。

10个改变

戒烟
不打麻将
不说谎话
开始记日记
熟读一本书
学一门手艺
不以美容和手机为爱好
制定一年的做事规划，然后为之努力
反思自己的过去
打电话给亲朋好友，告诉他们，你现在开始积极人生

张建辉　图

吉峰：必须要有个新开始，否则，人生就荒废了，永远也不会有出息。这需要行动才能实现，将自己的决心和计划，告诉亲朋好友，他们支持你的同时，又会促进你。要有激情，更要持之以恒，先定一个比较保守的的目标，然后为之努力实现。

30本书

书山有路"正"为径（对比原话：书山有路勤为径）

字典、唐宋词三百首、伊索寓言、中国地理、世界地理、水浒传、中国历史、世界历史、论语、道德经、孙子兵法、中国历法、呐喊、人体漫游、共产党宣言、宪法、甘地传、圣经、道德情操论、正义论、契约论、白话史记、弟子规、亚历山大传奇（[英]尼克·麦克卡提 著，傅源 尤云峰 译，浙江教育出版社）、活着为了什么（[法]以马内利修女 著，华宇 译，深圳报业集团出版社）、习惯的力量（[美]杰克·霍吉 著，当代中国出版社）、先知（纪伯伦 著，冰心 译，中国国际广播出版社）。

吉峰：30本书是个开始，读了30本，你也能读100本，重质量而不是数量。一些书要批评地看。不是绝对正确的书才可以读。

30个网络知识

书网

亚马逊书店（Amazon），谷歌图书馆（books.google.com/），当当网，孔子旧书网，豆瓣网。

知识、媒体、刊物或信息网站

知识网站：汉典、维基百科网（手机和电脑客户端），南都和南方网（端），NGO交流网，查询网，财新，基金会中心网。

网上论坛：强国论坛（人民网），天涯论坛，凯迪论坛，猫眼论坛。

报纸和刊物：南方都市报，南方周末，潇湘晨报，云南信息报，第一财经，成都商报，羊城晚报，广州日报，京华时报，南方窗，三联生活周刊，人民日报，炎黄春秋（包括手机和电脑上的客户端）。

博客

柴静、赵普、崔永元（央视主持人）、石述思、陈丹青、韩寒、月光博客等。

网络功能和手机、电脑客户端推荐

使用非竞价排名、非流氓的搜索引擎，gmail邮箱（或hotmail或yahoo邮箱。国内邮箱首选网易），地图，翻译，云储存，个人图书馆，安卓市场（market.android.com），Opera/Chrome浏览器，个人WEB3.0网站等。

客户端：Pidgin（电脑即时通第三方客户端）、Fawave（电脑微博第三方客户端）、Ebuddy（手机即时通第三方客户端）、Yibo（手机微博第三方客户端）、Talkbox（手机聊天/群聊/对讲机）。

微博/新闻客户端：网易、推手新闻、新京报、南都、南方周末、财新、图片客户端、google reader（阅读器）等。

门户、地方和社区网

网易、凤凰、新浪、人民、新华、天涯、豆瓣和各地地方新闻网等。

吉峰：爱上网吗？去网上收获吧。

10个问答

问：什么时候我才能不再打工啊？

答：什么时候你是自己的主人，什么时候你就已经不是在打工了。

答：那要看你什么时候掌握到足够的知识，而且，不仅仅是书本上的知识，如；认识到打工的本质是什么。

问：我已经攒了几万块钱，想开个小店，自己做老板好不好？

答：100个人问我这样的问题，我会对99个人说，风险高。

答：即使是开小店，也需要一定的经验和条件。现在的小店已经不是过去年代自然朴素开设的小店了，不可知不可控的因素众多，如有多少消费者会来买你的东西，卖多少东西才能够支付房租和人工成本，进货、销售渠道，市场需求的调查了解，会有多少人找你来收费，地理位置的选择，经营的问题以及亏损的后果责任等。风险大，很容易使你亏掉多年积攒的流汗钱，而返回到刚来城市打工时身无分文的困境，损失多年存款，自信心受伤害，而且，还可能将家人拖入困境之中。若自己有一门手艺可能还好一点。

建议：可将攒的钱花在技能学习上，而不是开没有保障的小店。

问：我坚信，凭个人的努力奋斗就会成功！

答：个人努力奋斗是好事也是必要的，但是你若以为努力奋斗就必定会成功，那么，你很可能就会危险地陷入不择手段的恶行当中。成功的准确含义是，在正确之中就是成功。而不是以挣了多少钱，当多大的官为标准。

问：一个男孩说喜欢我、爱我，我可以和他同居吗？

答：很多男孩子都会说这样的话，你怎么办呢？

问：我喜欢一款手机，2000元钱，我已经攒够了钱，可以买吗？

答：你加班一个小时是多少钱呢，你一天才挣多少钱呢，干多长时间才能攒2000元钱呢？1000元的手机已经很贵很贵了！珍惜自己劳碌所得，将钱花在可以给自己带来真正好处的地方。若为了学习的需要另论。

问：我想买一个笔记本电脑，可以学习用。

答：买电脑，为学习，是好事，比买个贵重的手机实在多了。电脑是个实用的好东东，充分利用起来，可以使你身暂时在工业区打工，但却可以连通外部的知识世界。能给上进的打工者带来积极健康的求知帮助，但防止偷盗是个大事情。买什么样功能的电脑值得仔细斟酌。

问：老板说喜欢我，只要跟他三年，他就帮我回家乡开个小店。

答： 先从老板那里拿10万元钱花花再说。

问：我总是喜欢玩网络游戏，每月花掉不少钱，自己也觉得不对，但总是管不住自己，怎么办呢？

答： 人是可以控制自己的。不能控制自己行为的人，是不会有出息的。

答： 一个人决心假装睡觉，那就没有人能够叫醒他。

问：打工没出息，我就是想当老板，我一定要挣很多钱。

答： 打工一样是可以有出息的，关键在于你能不能打得"好"。

老板定义正解：什么时候你自己具有了独立的思想，什么时候就是自己的老板，什么时候自己规划自己的人生目标，什么时候就是自己的老板，什么时候自己用行动去努力实现，什么时候就是自己的老板。想挣钱没有错，但不一定以挣很多钱和当老板为人生目标。

问：书中一些内容像是在要求我，不要这样、不要那样的，挺烦人的！

答： 本书向大家展现的有两方面，一是将无数打工者用汗水和青春换来的经验教训进行总结，明确说明打工之事应该怎么办，帮助大家解除迷茫和困惑，少走弯路；二是说打工者是人，人完全可以过美好的生活，但若想过美好生活，首先需要树立上进人生态度和正确价值观，超越打工局限状态。站在人而不是"打工的"基础上，自信、自尊、自立、自强地自己提高自己，才可能改变打工的不公状况。这必然会直接指出问题，说出改变，以让读者明确知道应当如何而为和有所不为，你若觉得挺烦人，那真是可惜了。不过，我自己有时也觉得挺烦人，烦得我都不想写了，但又不得不说。建议你和身边的亲人朋友讨论讨论，听听他们的看法。同时欢迎你，将批评、看法或心得，写成文章发送到我的邮箱，我可能选登发表。

100句话

男人和女人

1. 男人不能随便，女人不要强硬。

2. 男人要负责任，女人要宝贵自己。

3. 爱女人就是爱男人自身，爱妻子就是爱自己。

4. 伤害女孩子的心，是男人的无知加罪过。

5. 性爱是美好的，但是需要负责任的。

6. 女人怀孕你逃跑，自责会跟随你一辈子。

7. 男孩子要体贴女孩子，不管认识不认识（起码不要和女孩挤公交车）。

8. 妇女有美貌而无知识，如同金环戴在猪鼻子上。（《阿伯特》）

9. 要真心对待女孩子的爱，否则，你会后悔的。

10. 女人被爱，浑身都会散发出美丽的光泽，好好珍惜。

11. 露诚实、露知识比露大腿、露胸脯好得多，而且也安全。

12. 在8张床宿舍中的1张床上男女混居，不是爱情的方式。

13. 才德的妇人谁能得着呢？她的价值远胜过珍珠。（《箴言》）

老人和孩子

14. 孩子是永远的财富，不要忙着挣钱，把身边的财富弄丢了。

15. 不要以为孩子小不懂事就不去教导他，否则，孩子大了，你会发现不懂事的是你自己。

16. 永远尊敬父母，不和父母赌气。

17. 家有长寿老人，是儿女的福分，孝敬父母，是儿女的本分。

18. 要仔细听父母的讲话，那是花钱买不来的知识。

恋爱、婚姻和家庭

19. 婚姻是人间的天堂。

20. 婚姻里的爱情才是真爱情。

21. 恋爱是孩子，婚姻是妈妈，妈妈生孩子，孩子孝敬妈妈，而不是相反。

22. 以婚姻的态度去谈恋爱，才是真正的恋爱。

23. 择妻时下一个台阶，择友时上一个台阶。（《犹太智慧丛书》）

24. 我爱你和我娶你的意思区别：我爱你的意思是，我现在喜欢你，我想要你；我娶你的意思是，我不但现在爱你，而且想和你过一辈子。

25. 世界上最幸福的人是谁？是娶了贤妻的男人（《犹太智慧丛书》）。

金钱

26. 不要劳碌求富，依仗自己的聪明。（《箴言》）
27. 钱不是省出来的，而是挣出来的。
28. 金钱与声誉无法相比，但多数人更爱钱。
29. 经济困难之时，朋友的手机会经常打不通。
30. 身边的穷人比天边的富翁重要。
31. 不戚戚于贫贱，不汲汲于富贵。（陶渊明《五柳先生传》）
32. 怎么做才能发财是我想发财的妈妈，妈妈生孩子。
33. 富足人自以为有智慧，但聪明的贫穷人能将他查透。（《箴言》）
34. 爱金钱的人，不会因为得到了金钱而富足。
35. 穷则独善其身，达则兼济天下。（《孟子·尽心上》）

宿舍、工厂和工作

36. 经常关闭工厂的流水龙头，老板不会感谢你，但你可以收获人品。
37. 台球麻将打不出未来，游戏玩不出明天。
38. 工欲善其事，必先利其器。（《论语·卫灵公》）
39. 该吵架时就要吵，但要说理。
40. 如果你无精打采地做面包，你的面包是苦的。（《先知》）
41. 别人休息时，自己却大声歌唱，永远也成不了歌唱家。
42. 钱可以挣得少，但思想决不能贫穷。
43. 住在菜花里的虫子，认为菜花就是全世界。（《犹太智慧丛书》）
44. 拥有梦想，积极奋斗（广东省委书记汪洋）。

知识和智慧

45. 最重要的人永远都是身边的人。
46. 永远不要忘记帮助过你的人，不必永远记恨伤害你的人。
47. 模糊的朋友不如明确的敌人。（《犹太智慧丛书》）
48. 诚实是做人的最好广告。
49. 帮助他人就是帮助自己。
50. 诚实不单单是说实话。
51. 过而能改，善莫大焉。知耻近乎勇。（《论语》）
52. 坦率地承认错误，你的朋友会更多。
53. 道歉不会丢面子，反而会长面子。

54. 占小便宜，丢了面子，实际是吃大亏。
55. 玉不琢，不成器；人不学，不知道。（《礼记·学记》）
56. 行动成就梦想，而不是空谈。
57. 纸上得来终觉浅，绝知此事要躬行。（陆游《冬夜读书示子聿》）
58. 自己的内心就是一座金矿，只要你懂得挖掘。
59. 努力求知，要求自己上进，比求别人帮助好得多。
60. 无知就是罪恶。（《箴言》）
61. 当面的责备，强如背地的爱情。（《箴言》）
62. 自己首先尊重自己，别人才会尊重你。
63. 言行不一、华而不实和口是心非的人你都要远离。
64. 听智慧人的责备，强如听愚昧人的歌唱。（《传道书》）
65. 少言、多问、常思考、慎行事。
66. 人就像鞋子一样，越便宜就越会吱吱地响。（《犹太智慧丛书》）
67. 一味地容忍，只能换来别人的轻视。
68. 遇有别人不公的事，可以站在旁边说句公道话！
69. 从小事做起，是件大事。
70. 黑发不知勤学早，白首方悔读书迟（颜真卿）。
71. 不要企图改变他人的想法，把心思用在改善自己的努力上。
72. 人存在不是为了活着，活着也不是生命存在的高级形式。
73. 道德是实在的，否则，活着就是自杀。
74. 少壮不努力，老大徒伤悲。（《汉乐府·长歌行》）
75. 敢于但更要善于在众人面前表达观点。
76. 朝闻道，午可行，而不是“朝闻道，夕可死”！（鲁迅《朝花夕拾》）
77. 白天诚实，晚上睡得安稳。
78. 一年做一件事，十年你就是人才。十年做一件事，你就必然成就。
79. 机会不是机遇，机会可以投机，机遇却不能。
80. 循序而渐进，熟读而精思。（朱熹《读书之要》）
81. 兼听则明，偏信则暗。（《资治通鉴》）
82. 生活困苦之日也是人生丰富之时。
83. 人之所为人，就是因为具有智慧思想。
84. 受人尊敬，比让人可怜好。
85. 知人者智，自知者明。（《老子》）
86. 小事大做，大事小做：把小事当作大事来做，做大事时要特别小心。
87. 道德是人品的宝石。

88. 人饥饿非因无饼，干渴非因无水。（《阿摩司书》）

89. 不从恶人的计谋，不站罪人的道路。（《诗篇》）

90. 眼看未必真实，口说未必有益，耳听未必属实。

91. 不懂得痛悔的人，就不会有改变。

92. 你若有智慧，是与自己有益；你若亵慢，就必独自担当。（《箴言》）

93. 治服己心的，强如取城。（《箴言》）

94. 心无知识的，乃为不善；脚步极快的，难免犯罪。（《箴言》）

95. 葡萄串越重就会越往下垂。（《犹太智慧丛书》）

96. 人生绝不打折，也决不过打折的人生。

97. 认准一个地，打上十年井，不信它不出水（谢丽华、高明）。

98. 如果你的思想经常感到饿，那你离丰富的生活就不远了。

99. 在道德上站立起来，你在一切的事上就都会有力量。

100. 解决问题重要的是态度和方式，而不是好心和情绪。

101. 不用金钱和权势维系，仍然同你做朋友的人，才是朋友。

102. 不争抢公交车上的座位。一定要有人生的位置。

103. 世界上没有无所谓的事，你无所谓，生活就无所谓地对待你。

104. 见人善，即思齐。见人恶，即内省。（《弟子规》）

105. 事物之所以美好并且符合秩序，乃是由于事物的本质所使然而与人类的约定无关。（《社会契约论》）

106. 不公平是因为人所具有的基本权利，受到了轻蔑和嘲弄。（《活着为了什么》）

107. 什么是成功呢？你在正确之中就是成功！

108. 什么是幸福呢？你在正确的过程中就是幸福！

109. 那什么是正确呢？做应当力所能及的事就是正确！

吉峰：如果真的懂得，那么，每一句话都可以改变人生。

篇尾总结：20个改变思考题

1. 梦想和行动的关系
2. 我是什么样的人？
3. 真的没有时间学习吗？
4. 一到五年的职业规划是？
5. 人生价值观是什么？
6. 我学到了大学生的知识吗？
7. 有否尊敬父母，关心家庭？
8. 人是什么，存在的意义何在？
9. 我爱的人爱的究竟是什么呢？
10. 当前社会是怎样的？个人对社会负有什么样的责任？
11. 我能从身边朋友处获得益处吗，为什么？
12. 对他人的建议和批评我是否真心思考或接受了？
13. 打工的生活（本质）是什么，应该是什么样的生活？
14. 爱和责任谁大谁小，谁决定谁，是什么关系？
15. 我的恋爱观、婚姻观、家庭观？
16. 打工群体之间应该是怎样的关系？
17. 打工这些年，我收获了什么？
18. 我应该做什么样的事情才能改变自己？
19. 关心或帮助过别人吗？
20. 弟弟妹妹们成长的状况是怎样的？
21. 主义是什么？和人（我）有什么关系？
22. 什么是朋友？
23. 我应该问自己哪些问题呢？

我自己的思考（读者）：……

八 打工故事篇

周述恒，男，汉族，1978年出生，初中文化，四川省万源市黄钟乡人，已婚，有个女儿，1995年始外出打工，2006年获福州十佳打工之星称号。2009年出版《中国式民工》小说，现在广州市总工会工作。

兴趣、特长：唐诗宋词，音乐，文学创作。热衷于社会公益活动，评论文章等。

喜欢的一本书：《天龙八部》。

对自己的要求：心正则身正，力所能及帮助比自己弱势的人。

正在行动的一件事：创作《中国式民工》第二、三部。

人生目标：做一个合格的，有良知的企业家，或是做一个好的，有良知的作家。

印象深刻的一件事：与崔永元老师、江小鱼导演、沈国放先生出席新书发布会。

自己是什么样的人：不是一个好人，但绝对不是一个坏人。

希望3年后可以做到的事：将《中国式民工》拍成感动中国，让国人思考、认同的长篇电视剧。

爱情、婚姻和家庭观：有爱才会有情，有爱情才会有婚姻，有了婚姻就会有家庭，三者结合就会诞生出责任。

我的打工之路

周述恒　广州市总工会

1978年12月13日的晚上，我出生在川北达州万源黄钟乡一个落后的农家山村。小时候有两个人说的话我一直记忆犹新，第一个人是妈妈，妈妈说“要做一个有正义感、帮助有困难的人”；第二个人是小学老师王芳，她说“人犯错不可怕，就怕不承认”。这两句话使我总结出，应该做一个有担当的人。

打工之路

1996年4月，因为家庭事故的原因不能念书了，我到了福州，开始了长达15年的打工生涯。当初不懂事的我，把打工生活想象得极其美好。外面打工回老家的人也都讲得神乎其神。我以为，出来打工，不用放牛，再也不用呆在家里无所事事，我可以在外面赚很多的钱给爸爸及弟弟买一些好书。我甚至以为，外面的世界可以让我实现做侠客的梦想。但这一切梦想，在踏入福州的第二天，就破灭了。

找工作太难，离家的时候身上只有200多元，所以，快点找到工作成了当务之急。终于找到一份在塑料厂的工作，第一个月没有工资，只包吃住，干了一个月零十天，结果第一个月不仅没拿到工钱，还欠了工厂80元。实在忍受不了，我辞了工，找到了另一个塑料厂，但我做了大半年工资只有300来块，觉得不划算，然后又换工作。后来，实在没办法，去了个轧钢厂干体力活。十八九岁正是我长身子的时候，又加上是纯体力活，一天三餐的饭量特别大，老板就笑我，你他妈的个头最小，可饭量倒是最大。就这样，抱着能找到更好工作的愿望，我反复地在福州各地找，有时是我“炒”老板，有时是老板“炒”我，没有学历的我，工作太缺乏稳定性。

在这样的艰苦环境里，难以向家人诉说，一方面是因为自尊，另一方面怕家人担心，我打电话回家时总是说：在这边身体工作都好，不用担心，只是这个月工资太少，等下个月发了再寄钱回家……

多年打工生活发现，打工确实挣不到钱，所以，我开始尝试自己摆地摊。这个只要不怕苦，挣的钱是在工厂打工的两倍以上。但问题是一旦遇上城管，结果众所周知，他们会不由分说地实行中国式城管特色——打砸抢，电影里面的黑社会镜头比起城管来说，几乎是小菜一碟。无奈之下，又去工厂上班，可工厂的收入与摆地摊相比相差太大了，而且，我进的那家工厂属于化工企业，生产塑料原料，毒性极大，这也就引发了我身体的病变。一年后，在我还没找工厂赔偿时，工厂先劝退了我。

寻找机会

一直努力想摆脱打工生活，想自己搞个小本创业什么的，但面对现实终究不行，于是，我利用业余时间，上夜校学电脑、办公自动化、电脑维修、CAD制图等我都学。我认为，有一门实用的技术一定能改变我的生活，日后我自己要开个电脑培训班。

遇到机会是2004年的业务员工作，这是我打工生活最重大的一个转变。我性格外向，知识面广，口才较好，勤劳，为人诚信，这一切，都天生是一个做业务员的料。在工作中，我努力学习沟通技巧与业务知识，加上我懂电脑，能在各个本地论坛上，发布公司产品打折时的广告信息等优势，我终于拿到了每个月比在工厂里打工高四五倍的工资。

资金的积累，使我有能力开始实现梦想。我买了七台二手电脑，2005年7月9日，开了一家电脑培训班。当时，那个地方只有我一家，附近有大量的年轻打工者，他们渴望知识与娱乐，我收取的费用又比其他的一些培训班便宜，所以，来学习的人挺多，培训班有着不错的收入。2006年期间，我利用网络帮助贫困地区人民募捐衣物，福州市民积极响应，捐了上千件衣服。其实，多数的打工者并不笨，只是找不到一条适合自己的路子。

2008年的金融危机工厂倒了很多，培训班生意也不好了，只好又去跑业务上班了。回想我打工走过来的点点滴滴，发现大部分打工者的生存都这么艰辛，但却甚少人来关注，付出这么多，得到的是什么呢？结局要么是那点可怜的工资，要么就是一身的伤残病痛，回到老家那个贫困落后的山村里终老死去。

小说出版

思考后，我决定写一部多年来一直想写的、反映中国农民工生存现状的书。因为，反映农民工的电影太少了，而电视剧又离我们真实的生活很遥远，我就想，我来写，然后用DV把它拍成小电影，于是，我就断断续续地开始了《中国式民工》的写作之路。当我把写作的事情告诉周围的朋友时，他们搞不懂我想干什么，觉得不靠谱，挺好笑的一件事。但我不喜欢看别人脸色做事，所以，他们笑他们的，我写我的。为了寻求写作动力，我把写好的几万字往网络上到处发，在电脑前贴一张纸条，上面写着“不准看美国科幻片，不准斗地主，蚊子发现一个打死一个”，怀着每天写100字都是在进步的思想，就这样辛辛苦苦地坚持下来，终于写作完成了。

在边写边发到网络上的同时，渐渐地引起了关注与共鸣，一些网友和读者给了我鼓励，不但帮我修改小说，还帮我指出了如何出版的点子。我接受了他们的善意，就联系了出版社，但大部分出版社都说农民工题材不好卖。终于，我引起了媒体的注意，福州本地媒体及《凤凰周刊》报道不久，我接到了中央电视台《小崔说事》栏目的邀请，在央视上做了节目。一周后，又接到了凤凰卫视的邀请。再后来，一个搞出版工作的网友，帮我联络了出版社。终于，在我的女儿出生的那年即2009年，《中国式民工》出版了，这是我人生一个里程碑式的跨越。

意外收获

2010年5月，想不到的好消息，广州市总工会领导打电话邀请我到市总工会工作，他们认为，我这种精神和作为能与工会维权工作相结合。所以，我到了广州市总工会工作，希望能借助市总这个好平台，实现一些改善民工生存环境与生活状况的愿望。

回想自己以前的人生阶段，可能是由于我武侠小说看得太多的原因，我有一种侠义的精神在里面。我一直以为，我将来是一个大侠，可以过上路见不平、拔刀相助、快意恩仇的江湖生活。如果看到不平，你不站出来，他也不站出来，我也不站出来，那么，这个社会就不会有进步。

吉峰：一个穷困的农民家庭，一个初中学历的农民工。面对困苦生活不气馁不自弃，通过提炼打工生活，写作并出版了小说，这是从自己所经受的生活中，思考自己、发现自己、提升自己的真实例子。这是将困苦化作动力，将经历化作知识，将付出转为收获的突出事迹。故事告诉我们，不论生活多么困苦，不论你多么普通，一种改变的力量，你本身就已经拥有，只要你发现自己，努力追求，坚定行动，就可能实现大侠梦想。

陈雪，女，1986年生人，汉族，河南睢县人，现学历大专（打工中自考），未婚，身高170厘米，体重52公斤，家人6口。2003年开始在深圳富士康公司打工，第一份工作是生产线作业员，现做媒体公关事务。打工时间七年。

兴趣、特长：演讲、健身、游泳。

理想：成一名优雅时尚，自尊自爱，经济独立的高级白领。

喜欢的一本书：《学会感恩》。

对自己的要求：要么不做，要做就做到最好。

正在行动的一件事：媒体公关事务实习。

人生目标：相信自己，挑战自己，完善自己。

印象深刻的一件事：2008年春节爷爷、爸爸来深圳过年的情景。

自己是什么样的人：朴实善良，积极乐观，温婉大方。

希望3年后可以做到的事：拿到本科学历，学好一门外语。找到一个爱我的人。

爱情、婚姻和家庭观：爱情专一，婚姻忠诚，家庭负责。

阳光在风雨后

陈 雪 深圳打工者

我叫陈雪，2003年7月时17岁，从河南商丘工业学校毕业，经老师推荐，进入全球500强电子制造企业——富士康科技集团，成为一名基层作业人员。

电话打破了平静的生活

2006年2月17日，“陈雪，电话！”上班的时候，车间助理喊我去接电话。“家里的电话怎么打到车间呢？”心里有种不安的感觉，我拿起电话，听到电话里传来二叔的声音：“大妞吗？我是二叔呀，你家老墙子倒了，你妈还有你大姨都被砸伤了，正在医院治疗，你赶紧请假回来啊！”

“墙怎么会倒了呢”，我心里发慌，匆忙请了假，买了车票，坐上回家的车。

路上，我心里不停地祈祷，希望母亲能好起来。到达商丘睢县医院，我看到大伯、大伯母、小姨妈以及其他亲戚齐刷刷地坐成一排，一看到我，二妹就飞奔过来扑在我身上号啕大哭。

“姐，妈没了，咱妈没了！！”妹妹放声大哭起来，其他亲戚也跟着哭起来。

姨妈推开身后的房门。我看到一块白布遮盖着母亲，我不相信那是我母亲，生我养我的母亲，天天念叨我的母亲。我哭着扑在妈妈的身上。

办完了母亲的丧事，我陪住在医院里照顾另外六个伤者。18天后假期满后，我带着一颗伤痛的心返回深圳，继续打工生活。但这18天，改变了我的人生！

节衣缩食，只为撑起一贫如洗的家

精神恍惚的爸爸，年幼的弟弟妹妹，体弱多病的爷爷奶奶，以及治疗伤者欠下的大笔外债，我的人生似乎走向了绝望。直到有一天，我无意中读到一篇《从垃圾堆里淘出来的爱情》的文章，女主人公身处逆境、自强不息的精神深深地感动了我。“别人能做到的事情我也一定可以做到”，从那一刻起，我告诉自己，要振作，要扛起养家的责任。

为了多赚点钱，我放弃了办公室文员的工作，回到一线岗位，没日没夜加班，周日也不休息，四处找活兼职，每月工资一到账，除了留下50元的日常开销，其余统统寄回家。但是面对庞大债务，这只是杯水车薪。

如何才能赚到更多的钱，是我每天思考的问题。我甚至想过卖身、卖血、卖肾，但不但违法而且无法可行，只好放弃了。终于发现了一条赚钱的“门路”——刷卡卖牛奶。我把每天的生活费减少到2元，早餐是一个鸡蛋、一碗豆浆，午餐是一个面包，晚餐是一个馒头。其余饭钱全部刷成牛奶。看到我食量大减，同事都很好奇，我谎称是为了减肥。于是每当牛奶攒到20瓶的时候，我就以低于市场价的价格卖给宿舍楼下的小卖部。钱一拿到就存起来，连同工资一起寄回家。

刚开始还好，日子久了胃就受不了，一到下午三四点就开始“抗议”，双腿也发软，浑身没劲。每次下班回宿舍，看着姐妹们吃着五花八门的零食我就流口水，但却只能一次次地咽回去。半夜里，我经常被饿醒。

有一次实在饿得慌，我就捡同事丢弃的面包吃。几次下来，我发现这也是一个不错的“谋生手段”，既减少浪费又能填饱肚子，最重要是不花钱。于是每当深夜，我就顺着楼道一层层翻垃圾桶，把能吃的都淘出来，吃不完就用袋子装起来，以免“断粮”。

在垃圾筒里翻找食物的同时，也会看到很多工友丢弃的衣服、裤子、日常生活用品，于是原来50元的日常开销也省下来了。我把这些衣物、棉被重新拾起，洗干净后分类整理好寄回老家。

靠着捡拾维生，我们一家人度过了那个寒冷的冬天。

人间大爱，帮我重新托起美好家园

这种靠捡拾别人丢弃食品为生的日子持续了一年。2007年，我共为家里寄了3万块钱，这一年，我自己所有的开销加起来不到400元。生活虽然艰苦，但我用自己的劳动减轻了家里的负担，我预想着再辛苦几年就能还完家里的债务。

然而事情“败露”了。一天晚上，我像往常一样在垃圾筒里寻找食物，宿舍管理员突然走到我面前，问我在干什么，并且说她已注意我很久。我害怕周围同事知道后会看不起我，也为了保住容身之处，我向管理员道出了事情原委，并希望她能为我保密。但管理员第二天就把我的情况报告给了我的部门主管。

部门主管了解情况后告诉我，他决定发动所有员工为我捐款，我拒绝了。因为之前所在的部门已经为我捐过一次，不能再添麻烦，我要靠自己的能力还清家里的债务。最后部门领导还是自掏腰包，为我又捐了1万多块钱。紧接着，集团工会也启动爱心助困机制，划出专项基金帮我还掉了家里剩下的2万元债务。

人间处处有真爱，事故刚发生时，老家医院减免了部分治疗费用；四邻乡亲也都慷慨解囊；弟弟所在的班里同学，也把平时的零花钱掏出来，折成一颗颗“心”，亲自捧到我们家……

这些帮助犹如雪中送炭，温暖了我们一家老小破碎的心。灾难无情人有情，这份人间大爱帮我们重新撑起了家。

风雨过后，彩虹格外美丽

转眼已过3年，生活又以另外一种色彩呈现在面前。

父亲的病已康复，并在好心人的介绍下重新找到了生活的另一半；弟弟成绩优异，正向高考冲刺；妹妹中学毕业后到了我所在的公司上班，年底就要披上嫁衣；爷爷奶奶住进了新装修的房子里：生活向我们绽放出了笑脸……

这期间我先后从事了作业员、经理助理、现场IE工程师三份工作，每一次角色转换都是一个新的跨越。为了提高自己的专业知识，2008年我自费报读了大专学历。现在，公司将我调到企业内刊做编辑工作。我希望在未来，凭借我自身的能力去实现生活追求，并能帮助需要帮助的人，回报社会对我的关爱。

回顾过去，有辛酸与感动，展望未来，希望与挑战并存。灾难曾让我绝望，但灾难也让我变得坚强、成熟。未来的路还很长，要做的事还很多，只要努力把握每一天，我相信明天一定会更加美好！

感谢生活，更感谢那些帮助过我的人。祝福未来，祝福每一个人！

吉峰：事实证明，即使生活再苦，个人的主动作为，也可能成为自己突破困境的开始。陈雪为了挑起家庭的担子，不在乎捡垃圾，敢于捡垃圾，并通过捡垃圾，使自己超越了物质需求而获得了发展机会，提高了人生境界。人若有这种狠心，你所求的，就必实现。

张成勇，男，1973年生人，汉族，高中文化，四川人，家人五口（我，父母，两个孩子），离异。2000年开始在广州打工，打工十年。第一份工作是模具工。现在在广州新丝湾文化传播公司工作。

特长：喜欢写点文字，把自己领悟出的道理表达出来。

兴趣爱好：沉思、写作。

理想：与心爱的人静守田园。

喜欢的一本书：《菜根谭》。

对自己的要求：可以比别人贫穷，但绝不能比别人愚昧。

正在行动的一件事：正在尝试以自己的思维解剖宇宙和生命。

人生目标：希望能做点东西让后世流传。

印象深刻的一件事：4岁时凭自己的推理解释了风的来源，骄傲。

自己是什么样的人：聪明的老实人。

希望3年后可以做到的事：衣食无忧，足矣。

爱情、婚姻和家庭观：爱情、婚姻、家庭的基础是爱，更是责任。需要双方忠诚，一旦背叛，世界质变，望世人慎之再慎。

丑陋的农民工

张成勇　广州打工者

我是农民工，至今打工已经10年。

在我看来，劳资矛盾的尖锐，不仅有老板们丑陋的一面，而农民工的劣行也是罄竹难书。也正是由于农民工的素质偏低和不思进取，导致了劳动报酬难以提高。可是，要农民工承认自己的素质低是一个问题，有着巨大风险。一个不小心，就会被他们的口水淹死。而为农民工护短的这些人，基本都是农民工自己和媒体。这么多年来，庞大的农民工群体，没有因为舆论的关注而改变弱势地位，如果农民工不从根本上反思自己、完善自己，那么自己的地位永远不可能提高。

洗手池的报复

一些工厂为员工提供了洗衣粉洗手，很多员工在洗手的时候，都会攥上满满的一把。但他们抓的这么多洗衣粉，在水龙头下一冲之后，真正用于洗手的，就那么多——一顿饭所用的盐巴。

我曾经问过他们，为什么要这么做？他们大多的回答是：老板这么小气，若不浪费掉他的洗衣粉，简直对不起自己！这是典型的损人不利己行为。而且，当所有的人洗完手离开之后，龙头中的水还在冲洗着空荡荡的洗手池，这大概也是在报复小气的老板吧。

厕所三棱镜

每个工厂的厕所状况，最能代表农民工的素质。很多人完事之后用报纸擦屁股，最后将报纸扔在便池中——包括没有用于擦屁股的报纸。所以，厕所常常被堵，排泄物堆积，粪水漫流，任谁都恶心，连个踩脚的地方都没有。

工厂厕所的另一特色，就是“厕所文化”。墙上、门上到处都写着下流话或者画着人体器官，尽管字写得很难看，但还是大致知道内容，尽管画得很粗糙，但看得出欲望很强烈。当然，少不了骂老板、主管和同事的话，总之，在厕所里，可以发现农民工最丑陋的一面。

我欠你们的吗？

我不止一次遇到以下这样的情况：个人买的洗衣粉、洗发水、牙膏、水桶等东西，成了宿舍公用物品。

记得刚打工那时候，我给予了宽容。我想，在外打工都有经济拮据的时候，可以谅解。可事实却告诉我，根本不是这样。那些不买日用品的人，始终不买，不管是谁的，抓着就用，连一句话都没有。就算是发了工资，他们也不会去买这些生活必需品，宁愿拿着发来的工资去赌博或嫖。农民工的丑陋，难以逐一列举，我们农民工丑陋，影响了全社会对我们的看法和问题的解决。所以我始终认为，埋怨别人对我们冷漠和歧视，不能解决问题，毕竟，农民工的形象是由我们自己的行为造成。如果，你已经在以上的事项列举中，找到了你的丑陋之处，那么，赶紧完善自己吧，否则我们只能被这个社会歧视，只能继续在弱势群体的漩涡里恶性循环。

最后我想对所有农民工朋友说一句：顽疾忌医只会走向死亡，我们农民工应该接受批评和指责，在批评和指责中约束和完善自己，如果不自省自强，农民工将永远丑陋，永远被人鄙视。

吉峰：打工者所承受的不公太多，这个农民工却不说别人，专门批评农民工，而且，说的还让人挺难堪、很难受，真是令人很气愤，太讨厌了！

但是，冷静地问问自己，作者说的是不是事实，如果是事实，为什么不允许人说呢？古人语："道吾好者是吾贼，道吾恶者是吾师。"（《增广贤文》）接受批评、敢于自我批评才可能进步，而不是身受困苦，就都是别人的错了。首先从自身改正不足，然后用自我批评、自我改正的巨大力量，获得他人的尊重，争取应当的权利和权益。若不许人说自己的不是，那最多你只能获得可怜，而不会获得尊重。

洗脚家

真美丽　洗脚工（摘自网络，请作者与编者联系）

我喜欢做按脚的工作，比以前做工厂的工作好多了。

一是做这个智商不会降低。因为你对的是大活人，大活人会说话，而且可以学到很多东西，和按脚客人随便聊聊都可学到东西。即使光看人猜人都会进步，在工厂看机器就不会，再怎么看机器也就是那样，时间长了人就会麻木，而且会傻。

二是收入会有灵活性。你服务做得好，人家说不定就给你点小费，来去很大；但在工厂就不行，老板已经把你的工作计算到几分钟和几秒时间之内，不可能有更多的收入空间，要增加收入只有加班加点，剥削自己，而且，一不小心你还拿不到奖金。

三是管人不会管得很死。换个地方都很难有按脚工作那种感觉。在工厂就有点像在监狱一样，自己觉得自己好渺小，也没发言权，整天被训得自卑得要命，话说大点声都有人训你。按脚的地方就自由多了，只要手上有点技术，到哪儿都行，而且，熟练了老板对你更好，客人会夸奖你，容易有成就感，也容易表现自己的想法。

你看我穿的衣服、样子和大学生没啥区别，我也上网聊天或者用手机发短信。我觉得大学生在学校里学点东西，考完试就基本忘了，他们知道的那点东西没啥竞争力。但我至少手上有点技能，知道怎么服务人，更知道怎么样让客人高兴，所以，我是有专业服务意识的专业人员，大学生就不会有这个，这么说来，我可比大学生有竞争力。等我再存点钱，我也可以再去学点东西，就会比他们更强。其实做办公室前台、出纳、行政那些事情，要真让我做，一准做得比大学生好，大学生自以为是，你想改造他们都难，我这你就不用改造。

我在报纸上看到说，蓝领和白领分不同的层次人员，其实按脚也有层次区别啊，一般随便按按，和真正会按脚并与健康咨询结合起来是不同的层次，而且还能与不同话题沟通结合就更分不同的层次。我觉得最高层次的按脚，按的就不是个脚，而是通过按脚来诊断、观察与调理人的健康，而且还能与人交流情感和信息。你想想，一个客人在一两个小时中，与你谈得来，不管他是谁，我的服务可能影响他改变一些不良的生活习惯，通过这，就可以看到自己的影响力。一些有名有钱的人其实有很多不好的生活习惯，甚至很初级。因此，通过自己在做事情时的感受，与在工厂工作及和大学生对比中，我感到自己的成就感。

人是在自己做事中发现自己的，只要你用心就会有一些很有意思的感觉，我珍惜这种感觉。

张建辉　图

吉峰：这是一个普通洗脚工不普通的“洗脚故事”。是本书关于人、思考、职业规划的典范，是一个农民工从“人”的角度，对人生和社会的光辉认知。她洗的不是脚，而是人、思想和社会。她从自己做的事情中发现了自己。洗出了独立思想，洗出了人生价值。她洗出的“东西”也拷问着我们的这个社会。这位女洗脚工堪称农民工洗脚家。

章星球，江西宜丰县人，1971年出生于湖南湘乡县，高中未毕业辍学。1993年开始到深圳打工，做过搬运工、保安、仓管、灌胶工和文案等。打工之余自学了摄像、影视后期制作及专题片剧本写作，后注册了深圳市原道文化传播有限公司从事摄像和制作工作。

2005年支持李敏运用文化本位社会理论完成其博士论文《中国就业问题研究》。在香港《文汇报》、《万科周刊》等刊物上有文章发表。2010年在南都公众论坛作《文化本位社会的教育制度》演讲。

兴趣：思考与创作。

特长：诗拳道、运动。

理想：有生之年初步构建文化本位社会理论，修补残缺的灵魂。

对自己的要求：平淡生活，诚实做人，追求精神品质。

人生目标：生儿育女，赡养父母。

印象深刻的一件事：在龙华眼看一歹徒将一儿童从六楼顶抛下致死。

自己是什么样的人：一头倔强争取自由权利的牛。

希望3年后可以做到的事：A. 策划一份杂志；B. 用诗拳道培养出一位搏击运动员。

爱情、婚姻和家庭观：爱的本质是两个生命的合一，两颗灵魂的融汇，家庭是爱与责任的统一。

文化本位社会制度

章星球　深圳打工者

跋涉的童年

1971年，我出生于湖南湘乡，父亲在外省做苦力活，他曾经恋上飞行员，但因为祖父当过伪保长而政审不能通过。曾经饱受饥饿而又厌恶阶级斗争的他，最大梦想是拥有一块远离人世的土地。一次在江西省萍乡市万龙山的深山老林伐木，他发现一块40亩面积的荒地，他美美地盘算把这块地开荒成田，这一想法使我们家庭从湖南湘乡搬往江西萍乡。不过事情很不顺利，全家只能再迁往他处。而我的收获则是用坐过火车的资本，向山村的小伙伴炫耀，神秘的火车有100头牛那么长。

爱思考的少年

随着年龄增长，我渐感人生苦闷，因为我不仅感受到父母生活的不如意，还同时看到很多乡人的不幸。我看着一些年轻或年老的生命因为种种原因消逝，又看着乡村生活中伦理价值的混乱与文化生活的凋零，总忍不住要去探究其原因，求索合理解决之道。我似乎与生俱来地拥有这样一颗心灵——关心自身的存在意义，关注人的生存状况，在乎人类的未来。初中时，我阅读了《共产主义原理》，翻阅过马列全集，关注过马克思“人的异化”这一命题。高中时，我阅读萨特和加缪的小说，思考过诸如人是什么、人应该拥有怎样的生活、社会和制度应作怎样安排等问题。也经常思考活着是为什么？为了繁殖后代？成就一番事业？好名声？为财富？权力？还是为了让自己比别人过得更好？什么是善、什么是恶、人与人是平等的吗？平等的理由是什么？是上帝，还是人们的约定？合理和不合理的原因是什么？

这些问题，课本和书籍中都没有给我满意的答案。1993年开始在深圳工厂的没日没夜的加班中，我深刻体会到了马克思1844年经济学手稿中所谈到的“人的异化”问题。1995年，因查暂住证打架，我离深回乡，种了一年地，又开了一年半修表店。在此期间，我写了十余万字的文章，阐述了我对自然世界、人生意义与社会制度的思辨。

文化本位社会制度

通过长期的学习和思考，我形成了文化本位社会理论，在这一理论框架中包含有“文化共产主义政府”、“文化本位的福利国家”和“文化本位的教育”等命题。

我的研究是通过对马克思学说阅读而展开。在我看来，马克思的全部学说是以解决“人的异化”为最根本目的，马克思认为在资本主义世界中，工人变成工作的机器，资本主义方式的生产活动导致人的分工，人被工作奴役，从而异化为非人。他认为资本主义的根本症结在于有组织的、社会化的生产方式与非社会化的私人占有形式之间存在尖锐矛盾，而解决问题的办法就在于剥夺私人财产，实现共产主义。

我认为：马克思错误地把“社会化占有”与“公有制”画上了等号。从“社会化占有”的角度来看，资本主义产权结构包含了政府公共产权、私人独资产权和股份制公司产权、公众持股产权等多种占有形式，实现了“社会化占有”与“社会化生产”之间的自由匹配，而企图让公有制一统天下，反而是与“社会化占有”背道而驰。但是“共产主义”是否应该予以否定呢？在我看为，如果“共产主义”或“公有制”的目标不是“社会”，而仅仅限制于“政府”及政府所控制的公共资源的话，公共产权按照合理的交易原则，与其他产权在民主法治的框架下共存，是有利于社会产权结构优化的。这就像小区的公共空间对于整个小区的增值作用一样，只要合理规划，公共产权不仅不妨碍私有产权，相反还是私有产权增值的重要手段。从文化本位社会的角度来看，最理想的构架是，共产主义原则可以运用于公共福利领域，并通过调节消费结构来促进公共文化资本的增长。如果把文化资本当作公共绿地来规划经营，把“共产”的重心从物质资本转向于精神文化资本，从而建立“文化共产主义”政府的话，将有望实现最佳产权配置，超越北欧福利国家模式，实现更佳激励机制与更高效率的福利社会。

我认同马克思的一个观点：资本主义社会不是人类历史的终结，而是存在重大弊端。但我和马克思对资本主义危机的症结的判断不同的是，马克思认为资本主义社会的根本矛盾是社会化的生产与私人占有模式之间的矛盾，而我则认为资本主义的根本症结在于社会化、有组织的生产与分散无组织的消费之间的矛盾，我认为这种判断可以构成一个全新社会理论的基石。至于人的异化问题，我与马克思的区别在于，我认为异化问题主要不是在生产领域或经济范畴解决，而必须在消费或生活范畴去解决。因此马克思主张“无产者的联合”，而我建议消费者应寻求广泛的联合。所以，我提出的社会改革方案，是从消费的社会化及扩展消费者权利入手，通过将政府改革为“消费者主权政府”，使政府成为一个扩大的消费组织，以“消费者”的角色去调节市场。这样的政府模式不会让政府成为垄断者，更不会走向传统计划经济，它的主要工作不是控制经济和生产，而是调节国民消费结构以使国民精神文化消费比重占据合理比重。由于消费更多地体现为生活，而影响消费或生活的重要杠杆则是文化，是价值观、伦理、知识和艺术，因此我将这样的消费者主权政府称之“文化共产主义”政府。

农民工问题

农民工群体的命运。在主流社会的表述里，农民工群体被赋以某种刻板印象，都是奔钱而来，每天期待着涨工资或者中彩票，没有素质、思想和价值观，少数人升了职或者发了财当了“老板”，更多的人只能每个月朝家里寄一点钱，成为弱势群体并被好心的媒体和政府关爱着，没有能力追求政治经济权利。而在我看来，农民工群体中本来就有，而且也必须涌现出有思想的人，拥有思想与言论的武器，有勇气去想，有勇气去说，深入思考和批判我们所处的社会及其制度，更勇于实践，成为推动社会进步的推动者！

吉峰：一个打工者，不好好加班挣点吃饭钱，却思考什么文化制度，有什么用呢？

人是有独立思想的人，是思想指引人活着、怎样活着，若无思想，就不成其为人。无论文化和制度的好坏，人都在文化和制度之中，也无论你愿意与否，你都受其影响或控制。关心文化和制度，才能看透事物本质，才是迷雾中的明灯。

邱华乐，男，汉族，1973年出生，高中文化，四川省巴中市平昌县邱家镇人，已婚，两个儿女，1996年开始外出打工，1997年开始在深圳做建筑工人，1997年开始断续性写日记。

兴趣、特长：喜欢看书，写作，以平常眼光看常事，以独特思想思凡事。

喜欢的一本书：《史记》。

对自己的要求：力所能及，锐意进取。

正在行动的一件事：待工程结束，抽时间完成日记整理，出一本书。

人生目标：通过自己的努力，生产生活在城市，在城市找到归属。

印象深刻的一件事：工友们拿着丰硕的工程款却没有丝毫的笑容。

自己是什么样的人：不怕麻烦，喜欢做好事，乐于助人。

希望3年后可以做到的事：完成一部长篇小说。

爱情、婚姻和家庭观：彼此尊重谦让，家是国的缩影，勇于承担责任，播种希望。

购房庆贺会日记

邱华乐　枫丹雅苑工地工人

购房庆贺会日记

邱华乐　　2000年8月12日枫丹雅苑工地

这是我在深圳做的第8处工地，2000年2月，在益田村工地干完后，工程处分配我们来到了枫丹雅苑工地，来的时候，地面还是一片黄土地，经过我们几个月的施工，8月份，商品房主体已经建起了一半。

欧陆风情商品楼

枫丹雅苑也许是深圳第一处复式三错层仿欧陆风情的高层商品楼，外墙上的宣传广告是这样写的。所谓复式三错层的设计，是一道"V"字型的楼梯起止于下、中、上三个楼层，从外面进入三错层的门设在中层，这样在相对不大的地面上扩展了空域空间，使房屋看起来紧凑、户型大，具有很好的立体感觉，让人有一种在高层住宅楼里如同置身于别墅的感觉。这些房子不是千篇一律，而是分户型不同变化着外型和构造，这对具体施工建造有难度。

我们四栋楼木工组有七、八十人，早上六点上班，晚上八点半下班，除了休息、早上和中午吃饭的时间一个小时，一天干十二三个小时。工程主体还没建设到一半时，装修队便按着开发商们的要求，装修好了裙楼和不同户型的样板房，几个大型彩布广告也悬挂在了脚手架上。为了吸引前来参观的人和购房者，开发商把楼南面的一个微型公园，以"枫树"为主题装扮得非常得体到位。一棵由人造材料装饰的硕大"枫树"，犹如初秋时节大森林中一棵古老而苍劲的枫树在摇曳枝干，舒展体态。白天彩色招展，晚上在灯光的照射和微风的吹拂下，霓虹闪烁。在房屋东南面中间有个小广场，小广场上几级台阶是一个分上下两层的会所，会所上面是一个空中游泳池，会所和游泳池在装扮"枫树"前就已装饰好了。马路边也被运来的花木绿化起来，从马路对面向这边下面看过来，这里俨然是一个不错的小区了。

购房庆贺会

8月11日，我们接到通知，说明天要停工半天，原因是开发商要在一楼广场和会所举行一场购房庆贺会。工友们听了非常高兴，一是可以休息一下，缓解这几个月来催赶工期加班加点的疲劳，二是想看看庆贺会的文艺演出。一个星期前工人们就听说和议论了，以前一些工地也举行过这样的文艺活动，一些工友曾见到过，一些还只是听别人说。

第二天一大早，保安和礼仪小姐们忙开了，又是搬桌凳布置会场，又是搬花木布置景点，又是忙于接待购房者。受邀而至的购房者陆续前来，有的是全家出动带着孩子来的，有的是单独前来的，有的是坐开发商的接送车来的，有的是自己开车过来的。开来的车停了好大一片，广场边上的停车位停不下，保安便引导至外面的马路边停放。可以看出购房者的衣着穿戴都是像有钱人的模样。九点钟，身着亮丽服装的演出人员乘车到来准备开始演出了。保安人员拉了高两米多的大围幕，将表演会场和外面分隔开来，工人们的视线被封堵了，大家试着靠前看，却被开发商的保安劝堵在会场五十来开外。也许我们这些顶烈日沐风雨的建筑工人们面色蜡黄，形貌粗俗和衣衫不整，影响开发商的形象，没有一个人能够靠近会场观看。有的工人则想爬到远一些的树上，也被保安制止下来。一些工人气愤并责骂着回了宿舍或去到别处，一些工人则留下来躲在远远的树丛里听演唱会的歌声。演出的内容是丰富的，场内不时爆发出一阵阵欢笑声和掌声。

节目演出后，是对购房者的编号进行抽奖，抽中的奖励分别是地下室车库五年、八年使用权，或是十年免交停车费。每抽中一次报号，场内都会爆发出热烈的欢声。那些被抽中却没参加这次庆贺会的，主办方将取消其奖励然后抽下一位，更是赢得全场一片唏嘘惋惜之声。抽奖结束后，会场对面，梅林水厂大门外马路边上的绿草坪上，一个呈半圆型长约十五米的大红色充气帐篷里面已摆好了餐桌和食品。待购房者们刚走出会场下台阶，就被售楼人员、保安和礼仪小姐们拥簇进了帐篷享受午餐。午餐毕，活动才基本结束，自己开车来的购房者在售楼人员和礼仪小姐们的致意中缓缓离去，没有开车来的，主办方又用车送回去。

遍身罗绮者，不是养蚕人

那些被气愤着的工人一些回到宿舍，有的想上床睡个觉，可外面传来庆贺会的声音又睡不着，有的则玩起了扑克牌，有的则三三两两天南地北的聊起来，不知不觉大家便聊到今天的购房庆贺会，有工人感叹，有工人责骂。感叹者说我们修房别人卖，开个庆贺会我们沾不了边，这真是遍身罗绮者，不是养蚕人。责骂者说这开发商也太不地道了，是谁辛苦盖房供他们炒卖？

别人说卸磨杀驴，我们这磨还没卸呢！也有工人说别叹气了，我们算什么，我们只是辛苦的打工者，今天他们开庆贺会，市一建二处（施工工程队）的老工人们不是也没有一个被邀请吗。争论不休，喋喋不休，直到外面传来一首熟悉的歌声，有人跟着和唱起来，便转换了其它话题。

这样的庆贺活动在工程主体封顶前后一共进行了四次，每次都热闹非凡，规模不减，然而有了第一次被劝阻的记忆，后面几次工人们也懒得去凑那个热闹，碰那个白脸，而是知趣的远远躲开去休闲或者做自己开心的事。

吉峰：日记，不仅仅是日记，而且可以是一种改变的力量。记录自己的经历、自己的感受、自己的思考、自己的认知，作者做了多年的日记，收获了对人生和社会的认识。积累思想，认识世界，可以从日记开始。愿你记日记。

让人感到心里酸酸的，但当下这个时代却没什么感觉。古人杜甫《茅屋为秋风所破歌》诗云：安得广厦千万间，大庇天下寒士俱欢颜。房子已经改了几千年了，盖房子的人却总是在盖房子。

何正文，1963年出生，四川阆中何家湾村人，汉族，初中文化，高中时因病退学，失去了上大学的机会。1987年被村民推选为生产队长。1983年，外出在建筑领域打工，一直到2010年。1986年结婚，妻子是家乡人，夫妻二人在外打工，儿子9岁，是何正文的命根子。

何正文语录

关于家庭：孩子一天一天长大了，父母也老了，他们一直希望我们能回去一个人照顾孩子，在家种地，可是回不去呀！

关于孩子：我经常给他打电话，他能听到的就是我和他妈妈的声音。前年暑假带孩子来到工地，我把钢筋放他手上，让他感觉，他就说，这个东西还是挺沉的。

问：这么多年的打工生活，给你带来了什么呢？

何：最大的遗憾就是老人孩子顾不上。东西越来越贵，土地出产根本不够一家人开支，只好出来打工。有时候觉得对不起他们。

问：如果地里的出产能够支付家庭开支的话，你会出来打工吗？

何：肯定不会。还是喜欢自己四川山村里那优美而清静的环境。

问：农村人和城里人有什么不一样？

何：城里人总是有一种优越感，觉得自己素质很高。农村人呢，又很自卑，自己也觉得自己没素质。

问：怎么看打工群体？

何：生活很苦，条件很差，但是工人不团结。

问：对新生代农民工说的话？

何：现在的年轻人都很有理想，进了工地就想做到小包工头，然后做大包工头。但是他们不知道，这个可能性太小。总结起来一句话，不要总是想吃好饭而不去努力，否则最终什么都吃不到。

22年打工人生和共产打工队

口述：何正文（北京建筑农民工）　整理：李大君（云南大学社会工作系学生）

打工经历

1983年，20岁时，第一次外出打工，在安徽宿县修马路。

何正文说："当时的工钱是一天一块钱，早上7点钟吃完早饭骑自行车到县城，晚上太阳还没落山就开始回家，中午吃饭管馒头、面包和汽水喝，那时候觉得喝汽水是件很享受的事情，很兴奋。"

1990年，为补贴家用，外出到长春，在建筑行业做小工

何正文说："那时，不存在工程分包现象，更没有包工头的概念，无论是正式工还是临时工，都是'单位职工'，由公司按月发工资，一天干八小时，干一天有一天的钱，四块六毛钱，3个月后涨到7块钱一天，发工资是由公司直接派会计到工地给工人发工钱，还开工资条，上面注明有加班补助、头澡费、高温补贴等津贴。当时吃饭很便宜，一天就5毛钱，那时候馒头才8分钱一个。一直干到10月份天冷了，给家里带回去了1100块钱。按照购买力，当时的1100块钱，得相当于现在的两万块钱，这是我现在打工一年都挣不到的钱。"

1993年，南下广东惠阳打工，打风钻

做风钻一天30块钱，比在长春工资高，但危险，天不亮就吃饭干活，一天干十二三个小时。钻机开动后，周围全是粉尘，一天下来，鼻子里、嘴里、耳朵里、眉毛上都是，唾沫里都是粉尘。没有任何防护措施，我买了一个口罩戴着，我那七八个老乡都不戴口罩，还笑我说："戴着口罩文不文武不武的，好像是城里人的文明行为一样。"

谈起广东的感受。何正文说："想赚钱的话，不走正道也能赚钱，社会风气太坏。"

1995年，第二次到长春做建筑农民工，做钢筋绑扎

第二次到长春打工，建筑工程开始出现分包现象，出现了包工头，"单位已改制为公司"，砌砖班"班长"变为"包工头"。正式工和临时工都没有固定工作和单位了。工地上开始通宵加班，但没有加班费，工资也不是按月发放了，而是年底结算工资，25元一天。

1997—2001年，兄弟酿酒创业失败

那几年，一个酿酒的广告特别火，中央电视台都有广告，说是可以转让酿酒技术和机器设备，酒还负责回收。于是，和弟弟一起创业，结果生产出酒交给回收商，却收不到钱，加上因未办暂住证等各种罚款，亏了投资。

2002年，开始再次打工，到北京做建筑工

第一次来到北京大兴区建住宅楼，心里充满了憧憬，觉得北京哪里都好。包工头是四川仪陇人。“最后我们才发现这个人心眼很黑。在工地干了9个月，最终才拿到2000多块钱，觉得很受伤，第二年，就不再来北京打工了。”

2004年7月，第二次到北京，工地催生“共产打工队”

2004年7月，何正文召集一起在北京做建筑的工人，他找了10个工友商量，成立一个“共产打工队”，主要思想就是，“所有人都可以去联系活儿，联系到活儿之后大家一起做，集体与劳务公司签工程承包合同，没有包工头，联系到活儿的人可以提成3%—5%”。这一想法得到了10个人里面的6个人的赞成。但 “共产打工队”的想法没有成为现实。

2005—2007年，跟着小舅子做建筑工人，小舅子是小包工头

何正文发现，当小舅子从工人转化成包工头的时候，人也发生了转变。“当年做工人时都觉得包工头心黑，压榨工人，而当自己变成包工头的时候，却是想方设法让工人多干活儿，少拿工钱。”

2008—2009年，在唐山森茂公司做建筑工人

“森茂公司最会耍手段了，拖到年底快过年的时候才给工人结算工钱。结工钱那天就要工人事先买好那一天的车票，在工人出发前几个小时才给工人结算工钱，躲避工人因工资问题跟公司闹。”

2010年

目前，在北京一边打短工，一边等开庭，一边给周围的工友宣传法律。何正文说：“现在法律写得都挺好的，但就是实施不下去，落实不到基层。劳务公司、包工头的存在不合理。建筑公司可以直接招工，还可以减少建筑公司的管理成本。工人应该团结起来。”每当自己干完一个工地就会感到失落，因为当房子建好的时候，就是他离开的时候了，永远无法再踏进自己建造起来的房子。

他人的命运并非与自己不相干

何正文说：“我自己快50岁了，如果现在不做点事情，不去改变这个社会，等再过十年，我的孩子出来打工的时候，这个社会依然是这个样子，我的孩子还会面对同样的社会环境。”“钟已经放在那儿了，你不敲它就永远不会响。”

吉峰：一些打工者的人生，就在类似这样的状况中度过。主人公的青春光阴都贡献在了建筑工地上，但他没有陷于劳碌求富的状态，没有埋怨他人，其悟到的“共产打工队”成为他的独立思想，是闪烁的星光。

《中华人民共和国国歌》：起来！不愿做奴隶的人们！……

郑艳萍，女，汉族，1963年生，已婚，祖籍广西防城，出生于江西九江。1981年广东省韶关市一中高中毕业，1982年从韶关招聘到深圳蛇口凯达玩具厂做玩具服装工人，改革开放的第一代打工妹。1989年深圳大学法律系毕业，1994年中国政法大学在职研究生，法学硕士，1984年9月至今在蛇口区工会工作，女工权益部部长。

兴趣、特长：户外运动（登山徒步）、摄影、阅读、唱歌、跳舞。

喜欢的一本书：《读者》杂志。

对自己做人的要求：跟随自己的心，做真的我。

正在行动的一件事：乐活、慢活。

人生目标：全力以赴地生活（比成功更实在）。

印象深刻的一件事：作为嘉宾接受《鲁豫有约》采访，说出30年前的故事。

自己是什么样的人：对工作生活有要求的小资女人。

希望3年后可以做到的事：从自己活腻的地方到别人活腻的地方去。

爱情、婚姻和家庭观：为爱情结婚，婚姻家庭需要爱而不仅是爱情。

大姐姐和小妹妹说

郑艳萍　第一代打工妹

女人一生有不同阶段，好女人该怎么做？

朋友和书籍

贤惠善良：懂为人处世，善勤俭持家，乐观知足、真诚温柔的女人最美。虽然世界变了，经历太多，有时无所适从、难以信赖人，但保持善良，内心会踏实和满足。

朋友和书籍：优秀的朋友是财富，主动同真诚、有学识、品格高尚的人建立良好长久的关系，拓展见识、学习知识、增长智慧，你的心灵会被感染和照亮，就会得到启发和支持，遇到问题主动请教求助，他们的指点，将使你发挥潜能，少走弯路。书是精神粮食，可以打开你封闭的心窗、丰富你的视野与人生。其实除了专业需要，生活中不需要高深的书，如常看《读者》，你会发现和感受生活的美，你会体会到温暖、感动和丰富。女人一生要拥有一两个毫不设防的闺中密友（死党），一起聊服装美容、给男友评分、说心里话、逛大街品美食，是女人间独有的温暖与芬芳，拥有是快乐。

恋爱女人

二十几岁是女孩子人生最灿烂的年华，找一个自己喜欢的人、崇拜的人，轰轰烈烈谈场恋爱吧。

把握节奏：跟随心的感受，用4—6个月的时间真诚面对，聊天、吃饭、逛街、看电影，在不同的场合情景，体察对方的情感需求、处世方式，了解他的家庭背景、成长环境、生活习惯、工作经历、交友类型、价值观和未来规划，学会理性处理两人之间出现的问题，凭真感觉去判断和选择。

守住底线：任何男人交往之初都会有很好的表现，短信电话问候、吃请接送、照顾生病等，别急于投入感情。聪明的女人开始交往就要明确表态“必须结婚才可以发生性关系”，让动机不纯，只图“性”趣的坏男人望而却步，如果没有了“性”的因素，仍然对你好的男人，可以和他试着交往。如果真爱你、想一辈子对你好的人，不会因为你拒绝“性”而轻视你。等4个月，没有“性”的因素，依然对你好才可以考虑试着交往。没有确定恋爱关系之前，除了礼尚往来，最好不要有大笔的金钱关系。不要刚刚喜欢对方不久，就成了骗你喜欢的男人的提款机。

选对人：选什么样的人就有什么样的人生，恋爱中的女人很弱智，以貌取人很危险，最简单的办法是把握节奏，用4—6个月的时间交往，聊天、吃饭、逛街、看电影，在不同的场合，观察他的处世方式，了解他的家庭情况、成长环境、交友类型、价值观以及未来规划，凭真实感觉去判断和选择。网络拓展了我们的生活空间和人际交往，但仅凭网络聊天，没有真实交往，相处再久、感觉再好都是不真实不可靠的，不可轻信。人生的长河不仅有风景也会有风浪，遭遇挫折时，停下手里的工作，给自己的心灵放个假，跟亲朋好友聚聚，找闺中密友获得帮助和倾诉，选择自己可以把握的路继续走下去，即使跌入人生的谷底，只要不放弃，总能找到重新站起来的机会，珍爱生命！

真实面对：跟随自己的心，不虚伪，感受真实的彼此，理性处理两人之间的问题。体察对方的情感和需求。重要的不是他有多好，而是他对你有多好！花钱对他自己手松，对女友手紧的男人很自私，太浪漫的男人你是否有自信一起浪漫？一开始就说配不上你的男人，他或许永远都配不上你。有一种爱情，让你通过他看到整个世界的美好，另一种爱情是你为了他舍弃整个世界。懂得快乐的男人，才能带给女人快乐。豁达勇敢有能力敢担当的男人，才可以放心和他谈婚论嫁。你选择什么样的男人恋爱结婚？想清楚再决定。

耐住寂寞：就算孤独、寂寞，就算暂时没有遇到爱你的人，也要毅然决然远离赌博、性混乱和花心的男人，远离已过适婚年龄又无法确认其婚姻、工作状况的男人，远离对自己没要求对女人、别人很挑剔的男人，更要远离有钱的坏男人（他没钱时也好不到哪去）。不要期待这些男人会因你而改变，你能做的就是问自己，是否值得、是否愿意为了适应他而改变你自己？最理想的是选一个你真正欣赏的 “三合一”男人（即老师、老板、老公）做老公。老师：比你多一点学识；老板：比你多挣一点钱；老公：把你当女人疼惜、对你好，比你爱他多。保底就是找个老公（不是找老师，也不是找老板噢，别忘记自己在找什么了），连老公都做不好的男人，还是别要了。

婚前婚后的性

女孩子必须了解性知识，有性安全意识，预防性病艾滋病，学习避孕措施，防止计划外怀孕。

性知识：一方面，即使交往已久的恋人，在没有爱、没有避孕措施、没有经济能力、没有生理和心理准备的前提下，请保持克制、保持纯洁。有些事是永远无法挽回的，纯洁自爱的女人才会被人重视珍惜，婚前慎发生性关系。另一方面，失去了“性”，不代表失去了一切，如果错了，尽早分开，不要一错再错，不要他负责就是自己对自己最好的负责。只要你因此懂得悔改和吸取教训，离开一个不值得付出的男人，你仍有机会可以活得好。若意外怀孕，一定要妥善处理好，重视身体的安全。

如果没有做父母的心理准备，婚前任何一次性行为都要避孕，意外怀孕会破坏生活、损坏双方关系、伤害女方身体。如果意外怀孕，一定要妥善处理，以免造成心理和生理的创伤。

婚后性生活：无爱的性是发泄、动物的性、是丑恶，有爱的性才叫性爱。身心合一的性爱是美好愉悦的。性爱是身心合一的欢娱，是性爱与情爱的统一。是夫妻生活的重要部分。愉悦的性生活有助于夫妻情爱的加深。若远离性愉悦和性享受，会造成事实上的性与爱分离，若女人以性爱要挟丈夫则更是愚蠢，这可能导致丈夫对你冷漠、对性爱产生心理障碍或由此引发其他问题。

婚姻和家庭是幸福的源泉

爱情和婚姻是两种不同的生活方式，恋爱可以是两个人的事，但婚姻却是两个家庭的事，婚姻应该是爱情的延续和结果。婚姻是女人一生最大的事，婚姻是没有回头路的，虽然可以离婚，但离婚不是婚姻的目的和归宿，而是另一种麻烦的开始。

婚姻需要有现实的物质基础，但不能为了钱而选择婚姻。十年二十年过后爱情不一定在，但婚姻却仍然还在。爱情是奢侈品，有自然最好，没有也能过。婚姻是生活的实质。爱情不能决定也不能替代婚姻。要明白，感情和婚姻都是两个人的，不要因为爱，就乐于奉献、大包大揽，真正应该做的是两人要同分享共承担、患难与共。婚姻是相互平等、彼此尊重、共同承担，而不是以爱的名义支配任何一方或牺牲一方。

婚姻中的女人，要像女人未婚以前保护自身纯洁的一样保守家庭。婚姻和家庭中的责任大于爱并包括爱。婚姻是丈夫与妻子的盟约，家庭是幸福的源泉。

吉峰：作者是第一代打工妹，如今，过去的打工妹早已经成长为今天的大姐姐了，在经济上、知识上、思想上和社会地位上已经获得了“成功”。虽然对于今天的小妹妹来说，这种成功在现实上不具有复制性，但大姐姐所说的一些道理，不过时。

嗯，谈恋爱时，若能让这位大姐姐帮看一看，那再坏的男人都会露出尾巴来。再好的男人也能看到屁股（真实）。

蒋坛军，男，1975年生人，汉族，湖南人，大专文化（打工中考取），1994年到东莞开始打工，目前在东莞做精益顾问和英语教授工作。

兴趣：看书。

特长：英语、写作。

喜欢的书：《读者》。

事业理想：把工作做好点。

对自己的要求：不要太放松自己。

印象深刻的一件事：上班的第一天。

正在学习或正在行动的事：精益生产。

自己是什么样的人：凡夫俗子。

爱情、婚姻和家庭观：要尽一份责任。

希望3年后可以做到的事：换部好点的车。

社会责任表现：时评作者。

一辈子不能这样过

蒋坛军　东莞打工者

小时候

我九岁时，就被父母命令正式下田干活。我清晰地记得，第一次下田插秧时是清明节，田里的水还很有些冻腿，而且长时间弯腰和手指不停地插入田泥，令我痛苦不已。邻居取笑着对父母说："哎呀，多了一个'好劳力'呀！"父亲则黑着脸训我："要记得，不做事是没得饭吃的！"从那年以后，我每年都要下田干农活，插秧、割禾、锄草、脱粒（打禾）、犁田、担谷等。我心里不禁有个强烈的呐喊："一辈子不能这样过！"

尽管年幼，但我发现，可以通过读书来摆脱这种生活。遗憾的是我没能考上重点高中，只被普通高中录取了。父母认为我"不是考大学的料，不如学门技术好！"所以，1991年，我去了一家技校学习无线电修理。当时16岁的我心里想：如果想实现"一辈子不能这样过"的梦想，只能靠学技术了。所以，我拼命地读书和学习维修技术。后来，有个老师私下对我说"你改变了我对技校生进来是文盲，出去是流氓的看法"。

人生第一个突破：自学英语考学成功

1994年初，技校电子专业毕业后，我从湖南到东莞一家港资电源变压器厂打工，先在流水线上做焊锡作业员。由于我不喜欢跳槽，居然慢慢地升职了，从技术员、工程师到样板部主管。在打了五年工后，我偷偷摸摸而又自信满满地出去找工作，以为可以找到一份工资高得多的工作。但人家一看技校文凭，都直接或间接地拒绝了我的要求，居然没有一家工厂，肯给高于我已经在老东家那里拿到的工资水平。我当时很是沮丧，但我咬牙切齿地告诉我自己："一辈子不能这样过！"

在港资厂的工作中，饱尝了不懂英文的苦头，另外，我觉得未来社会对英语的需求会更多，所以我决定进攻英语专业的自考文凭。当时，有些朋友甚至公开笑话我："你初中在穷农村读的，英语肯定不好；在技校你又没有英语课；现在又工作了五年，你说学英语；而且还是难死人的自考。真是厉害噢！"我听后，也很怕自己搞不定。但仔细一想"越难突破的，才是越有价值的"，于是，一年后的1999年，我不顾家人和朋友的强烈反对，辞工去到了广外的自考英语辅导班。因为基础实在太差，确实跟不上班，极度焦虑之下，"一辈子不能这样过！"这句话成为我奋发学习的动力，于是，我狠下心来，全力以赴地去练习英文的读、听、写、译。广外就在风景优美的白云山麓，很多同学经常去爬白云山，但我在读书期间，一次都没上去过。两年多的日夜苦熬，心血没有白费，我在2002年中期完成了心中多年的一个夙愿——成为一名英语专业的“大学毕业生”。父母和妹妹对此非常高兴。

流书线农民工到ISO顾问

因为以前所在的工厂在1995年推行过ISO9001质量管理体系，我对当时辅导我们的管理顾问非常崇拜，因为他们居然在一年之内，可以解决我们厂里很多时日已久的管理弊病。所以，2002年5月，我求职并如愿以偿地进入了一家管理顾问公司，然后通过努力学习通过了国家资格考试，成了一名管理顾问。当时，这个行业如火如荼，由于顾客中经常需要英文沟通和编写文件，所以我的英语在这八年中也得到了本质性的提高。但随后，我发现随着大量的企业实施这个管理体系，越来越多的人开始掌握了它。我便觉得这个岗位的优势指日可待了 。

很多同事察觉到ISO的咨询价格已在逐步下降，但却顽固地认为，天天给企业中高层，乃至身家惊人的老板，讲述质量管理的高见，这样的工作怎么不可以长久干下去！不少同事还经常在业余时间玩麻将、打扑克、看电视……

从ISO顾问到精益顾问

随着企业的竞争越来越激烈，不久的将来，通过提高流程效率、降低不良、压缩库存，而达到成本控制或提高竞争力的需求必然强烈，而精益生产是满足这种需求的工具之一。所以，2006年，我利用业余时间开始学习精益生产（还有6Sigma、TOC）。同时我发现：虽然我已有多年直接在工厂工作和咨询的经历，但精益生产还是不好掌握，因为，它必须要给企业带去明显的改善效果，且有牵一发动全身的庞杂，一度觉得难以学下去，但想到 “一辈子不能这样过！”这句话，我又一次心横了下来，但由于怕年长资深的同事笑话，于是，我比较低调地在工作之余，去精益生产培训机构上课、网络上收集资料、请教行内前辈、做精益生产的幻灯片讲义、在企业实践一些精益生产的技巧。这期间，我买的精益生产书籍有70本。个别同事知道我在捣鼓精益生产，直言不讳地说：“就凭你搞精益生产？哼!”从这种心态，我得到了一个结论；很多人之所以说你不能做，是因为他们自己不能做。

煮青蛙开始时的温水，终于沸腾了，风声变成了残酷的现实，ISO咨询业务已经没有什么盈利：2010年7月1日，公司宣布全面放弃ISO咨询业务，也就是说，约80名ISO管理顾问全部失业了！

昔日年薪8万到15万元，掌握ISO咨询能力，年龄多在40岁左右的师兄弟们终于发现，需要重新找工作，而很多企业的部门主管或经理，对ISO已经很熟悉，单凭ISO的特长去企业找部门经理的职位，没有竞争优势，做小型企业副总或总经理，又难以胜任，想继续在管理咨询行业干，却没有精益生产知识。管理咨询公司以年薪15万到25万元招聘精益生产管理顾问，必备条件之一是具有精益生产、6Sigma、TOC三项技能其中之一，而学会这种技能，需要至少1到1.5年的时间的全力以赴，或约2.5到3年的全部业余时间，年龄40岁左右的主男，怎么可能1到1.5年不干活赚钱养家而去专职学习呢？

我们精明的老板，在放弃ISO咨询业务之前，注册了一家精益生产咨询公司，而管理顾问是急需的人才，有热心的高层同事力荐了我。在公司全面放弃ISO咨询业务之前，我已经转职进去了，从本公司转过去的，我是第一个，而且也是唯一的一个。

行动改变世界，而不是牢骚和埋怨

我没有卖弄自己如何英明、刻苦和成功的意思。我只是想说，人要努力，采取行动去改变现状，牢骚和埋怨只能误事。最近，我不禁又想起“一辈子不能这样过”这句话，我想，在努力做好这份工作的同时，寻找下一个突破点的时候又到了。

吉峰：每个人只有一辈子，每个人都是自己的主人，怎样过一辈子，决定在自己的手里，若一辈子过去了，才想好好地过一辈子，那一辈子就完了。不会有二辈子的时间让你重新来过了。有狠心，更要有狠心之后的行动，坚韧恒之，就必定有收获。故事主人公就是典范。

曾鑫国，男，1971年生，汉族，梅州市人，自考大专学历，已婚，儿女双全。1995年开始在虎门打工，第一份工作是董事长秘书。现任东莞市台商投资企业协会虎门分会副秘书长，虎门华侨联合会副主席，东莞市政协委员。

兴趣、特长：阅读、旅游、社会活动。

理想：物质可以不富有，精神必须要充实。

喜欢的一本书：《水知道答案》。

对自己的要求：以出世之心，做入世之事。

正在行动的一件事：成立读书会，心灵交流。

人生目标：追求心灵的安宁。

印象深刻的事：高中毕业20年，筹备举办“感恩二十载，有缘再相聚”活动。

自己是什么样的人：随缘的人 。

希望3年后可以做到的事：活在当下，过好每一天。

爱情、婚姻和家庭观：沟通、包容、责任。

让漂泊的心安顿，让浮躁的心实干

曾鑫国　政协委员、东莞白领和中产阶级

选择机会大于选择金钱

我们出来打工，目的就是挣钱，这是很正常的想法。在人生历程当中，经常需要我们做出各种选择，如果作选择时永远都把金钱作为重要考量，那我们就要失去很多机会，因为，如果我们的视线被钱遮住，就会看不清人生之路，迷失方向。有人为了每个月多拿几百块的工资，而宁愿放弃长时间的工作岗位，一个月多几百块，一年只不过多几千块，多拿几千块，我们也不能成为富翁，少拿几千块，我们也不会贫穷。当年，有两份工作摆在我的面前，一份是台商会干事，面试时，被告知月薪肯定少于1000元，而且是否录取还得等会长从台湾回来决定；一份是某家企业的总经理助理，月薪2000元，马上可以上班。身边的人多劝我选择2000元薪水的，但我依然选择等待台商会的职务，因为我觉得那是一个更大的舞台。如今，我在这个岗位上已经干了15年，在这个舞台上完成了很多人生梦想。直到今天，我依然为当初的选择而自豪。

小职位，大发展

很多人心里都怀着老板梦，希望有朝一日能功成名就，但现实世界会把人一盆凉水从头淋到脚，一些开始的工作都会觉得不如意，但我们该以何种心态面对呢？我进入台商会时，名义上虽然是干事，实际上就是打杂的，啥事都干，是一个“小职位”。但我决心要从这个“小职位”身上干出“大发展”，如果工作没有让你感到意义和兴趣，如果你只将工作与薪水画等号，那你就不会有动力和上进心。因此，当我身处小职位时，我没有想我是一位打工仔，而是代表大陆人与海峡彼岸的台湾同胞打交道的人。代表的是大陆人的形象，说夸张一点，我是为两岸和平交往作贡献的人。每每想到这些，就使我对这份工作充满热情和责任感，更重要的是，当你把工作目标上升到这种层次，很多眼前的利益会在你的面前消失，你做出的事情自然就会大气，你的人格魅力自然就会在众人面前显露出来，你的人气和能力就会自然而然得到提升。当你具备这些时，机会自然就会落在你的身上。一个人是否可以成为成功人士，或否能成为一位老板，不是单凭他是否有钱，重要的是看他是否具备做老板的特质，这些特质不是等到我们成功之时才会显示出来，而是靠我们的平常工作积累。当一个人只拿月工资时，每天只想到付出的劳动与收获不成正比就是吃亏了，那就永远成不了大事，只有胸怀大志的人才能实现人生的目标。这就是“小职位大发展”。

入乡随俗，挖掘成长

俗语云：各处乡村各处例！就是要入乡随俗，不管我们以前生活的环境如何，到了新的地方就要适应。很多打工朋友会带着漂泊浮躁的心态，对工作的地方没有归属感，看一些事情不顺眼。当初我从外地来到佛山，虽然开始做小买卖挣了些钱，但同样感到这个城市很陌生，好像离我很远，当我想要再上一个台阶时，就觉得有无力感。所以，我觉得要在一个地方大展拳脚，必须融入地方。因此我选择台商会干事的职位时，打动我的是台商会是企业与政府间沟通的桥梁发展空间，这座桥梁有助我融入当地。一个人能成功，可能他的书读得比你少，知识水平没你高，但他的成功一定是包含着道理的，我们不能只责备城市的问题和他人的短处。不单城市要包容八方宾客，同样的，外来人员也应该敞开心胸接纳所在的城市，当将城市看作是我们自己的城市的时候，你就会挖掘到成长的宝藏。

年轻人，多做事，不吃亏

很多人都希望成功，都想得到他人的认可，都希望付出之后有收获，但心太急了，而不够实干。以为多干事而没有多挣钱，就是吃亏。其实，多做事即使一时不能多挣金钱，但必多得做人、做事的知识。因为，你会接触到很多事、很多人。我会常问自己：当我在岗位上付出劳动时，除了相应的工资外，还能得到什么？我的答案是：一个人外出工作，进入社会，除了挣钱外，更重要的是要挣社会关系，挣信用，挣名声，这些才是你以后真正的本钱。因此我告诉自己，“年轻人，多做事，不吃亏”。这虽然有点像阿Q精神，但我告诉大家，人只要真心付出，终有所得，必有所成。

今天的我依然和大家一样在努力奋斗，我希望也能从你们身上找到让我前进的动力，城市因为有了大家而变得更有活力，我们都是这块土地的主人，都能有自己合适的位置。在经济发达的今天，节奏快压力大，因漂泊而难以安顿，但我们应该放慢脚步，让漂泊的心安顿下来、让浮躁的心实干，积极反思自己，使以后的人生路走得稳、走得准、走得好。

祝福各位。

吉峰：反思人生，争取机会，选择发展。做实事，多做事，不吃亏。

打工歌：打工的梦想和实现

作词：吉　峰　　作曲、演唱：征集作曲者和草根演唱者

我是打工的。
离家到城市打工。
怀着新奇和激动的心。
工厂（公司）里、工地（马路）上，到处有我的身影。
劳碌的日子里，幼稚的笑和无知的闹。

我是打工的。
一天到晚不停地干。
为了梦想和期盼，不断地寻找和改变。
未来的路啊在哪里？不知道如何会改变。
宿舍、饭堂和车间，三点一线轮流转。
未来的路啊在哪里？为什么不停的干又总是不变。
我的青春和梦想啊，你怎么就是出租屋、加班、大排档和生产线。

打工的（农民工）建设了城市化和经济发展。
打工的（农民工）也应该有自己的价值信念。
未来的路啊在哪里？为什么不停地干又总是不变。
未来的路啊在哪里？我一定要把人生改变。
睡一晚觉，抹一把汗，把泪擦干。
醒后不能只是不停地干，自由和力量每个人都拥有，努力求知要把人生改变。
我看见梦就在前方，梦的实现靠行动改变。
我看见梦就在前方，梦的实现靠行动改变。

吉峰：不停地干，也就只能不停地干，想不要不停地干，要靠行动改变！

九 社会（劳资关系）共言说篇

寄语农民工

翟玉娟
深圳大学法学教授，劳动法和社会保障法研究所所长

也许你们从小生活在闭塞的山区、农村，从时不时城市传来的消息而对城市生活充满了向往；也许你们很小就随着父母租住在城市的"城中村"中，见识了城市的繁华和鄙夷的目光，但你们长大了，成为中国2.42亿农民工中的一分子。也许你们不能理解为什么同样是公民却被贴上了农民工的标签，为什么城市人的种种优惠和福利你不能享有，为什么在城市中工作却不能体面地留下来。

也许在城市中工作和生活不像你们所想象的那么美好，也许你曾经站在城市的中心，对生活中的小事、对未来的何去何从，心中充满了迷惑、未知和不知所措。本书——是一本农民工兄长为你们量身定做的全方面指导你们生活和工作的手册，从如何找工作，如何保障安全，如何了解城市，如何在城市中更好地生活到如何处理上下铺室友的关系，如何处理恋爱、婚姻、家庭生活细节的实用手册呈现给你们，"仓库"为你们提供了丰富的内容，既给你们提供简单实用的生活工作常识，让你的工作和生活更具有方向性，同时也给你们提供了如何提高自身素质向上的指引，可谓是难得的一本好书。书中不仅教给你们有用的知识和做人的道理，更充满了对你们的热爱和期待，希望你们都能成为有知识、有能力的自尊、自信、自强的新一代劳动者。

回顾改革开放30年的发展历程，中国取得了辉煌的发展成果，创造了经济建设的奇迹，成为世界排名第二的经济实体，这其中不仅有政府、企业的功劳，更应有广大农民工的巨大贡献。但经济高速发展了，农民工并没有分享到应有的利益，你们成为干活最多、最辛苦、得到较少的社会中的底层，成为了弱势群体的代名词，这里面既有政府以经济建设为中心的导向问题，也有企业拼命追逐利润的动机，但不可否认也有农民工自身不争的因素。这个社会不是他人之社会，而是人人之社会。农民工要想改变自己的命运，就必须要首先成为自己的主人。

我认为农民工兄弟姐妹需要在以下几个方面进行加强：

第一，权利意识。人的权利有自然的权利和法定的权利，人生而平等，人通过劳动获得自己生活和发展的物质资料从而实现人生价值，每个人都有追求美好生活的理想和权利。政府、法律应当最大限度地保障公民拥有基本的平等、富足、美好的生活，当自己的权利受到侵害的时候，法律为劳动者设置了多种救济手段保障权利的实现。但当权利受到侵害仍无动于衷、忍气吞声时，权利不能自动得以实现，如果社会中的大多数公民都放弃了自己的权利，社会就没有公平正义可言。所以维护自己的权利不仅是一个公民基本的人权，更是自己的义务。公民为了美好生活进行劳动创造，当通过自己辛苦的劳动仍然不能得到最基本的生活保障，那一定是现有的制度设计存在问题。为了实现自己的权利、保障社会更好地公平发展，劳动者不能仅做一个旁观者，更要有主人翁的意识，为更好的制度设计发出自己的声音和努力。

第二，团结的意识。劳动者作为劳动力的提供者与资本相比具有天然的劣势，除了劳动没有其他的手段，资本可以在全世界自由流动，而劳动则有各种各样的限制。财富的创造从来不是资本可以自我实现的，一定凝结了劳动者的创造，当企业赢得了巨大的利润，劳动者理所当然应该分享自己应得的部分。但原子化的劳动者个体无法对抗资本，只有团结起来才能与资本进行对话分享，团结是劳动者力量的源泉。

第三，知识的力量。知识是人类的阶梯，也是劳动者改善自己生存际遇的阶梯，作为一个劳动者不仅要掌握基本的技能，更要不断地读书学习，在专业知识、人文素养、法律知识等方面尽可能充实完善自我。在一些工厂中，仍然存在着各种有毒有害的物质，有的企业故意隐瞒职业危害因素，但不少劳动者不懂得基本常识、不懂得保护自我，也是造成工伤和职业病的原因之一，从而为此付出了生命和健康的代价。你们大多数都是初中或以上的文化程度，学习的脚步不能停止，人生不能消极自我放弃，只有不断地学习奋斗才有属于自己美好的人生。

第四，社会责任感。劳动者不仅要关心自己的命运，也要关心国家社会的发展。最近党中央“十二五”规划建议中提出“努力实现居民收入增长和经济发展同步、劳动报酬增长和劳动生产率提高同步”。深圳也提出要将社会建设与经济建设同步发展，构建和谐劳动关系。说明党和政府关注劳动者生存状况，希望改善劳动者待遇，但在劳动关系中，劳动者始终是劳方的主体，只有充分行使自己的权利，履行一个公民的基本职责，才能实现劳动关系正常有序地建立。

工业化、城市化的步伐随着历史的潮流将继续推进，能否妥善解决农民工的问题，关系到中国是否可以持续发展的问题。可喜的是中央领导人已经意识到收入分配问题、社会保障问题、新生代农民工问题，但种种问题的解决还需要智慧和决心。希望社会的发展能让农民工的标签成为历史，你们将会向真正的产业工人转变，将会以鲜明的特色成为中国劳动关系中的主导力量，而这需要你们的成长和发展。请相信，建立公正和公平的社会不但是你们的理想，也是我们共同的理想。

吉峰：权利、团结、知识和责任！你说呢？

做转型当中的自觉者

杨利川
阿拉善SEE生态协会理事，中山大学公民社会中心理事

中国改革开放30年来，不仅在经济上取得辉煌成就，整个社会在政治、经济、生活方式上都发生了结构性的转型，那就是工业化、信息化、城市化、国际化和现代化。

谁是转型中的主角？不是钢筋水泥，不是GDP，不是货柜海轮，不是焊枪和传送带，而是人。30年来，我们看到很多的国有企业中的下岗工人当了个体户，无数的草根农民变成企业家，众多的知识分子成为技术市场上的创新者，而最为波澜壮阔的是牵动亿万人心的农民工大潮。据统计，截至2011年3月，全国农民工总数为2.42亿人。可以想象，这对整个社会的影响力有多大。

农民工，顾名思义，从农民到工人，或者是带着农民烙印的工人。他们，是社会转型中最有代表性的一群人。从农民到工人，从乡村到城市，从古朴到时尚，在他们身上集中体现着整个社会现代化进程的印记。

可是，不是每个人都能跟上现代化的步伐，也不是每个人都能拥有平等的机会，更不是每个人都能自觉地成为社会转型中的成功者。如果你是一个农民工，无论你来自四川、贵州还是河南，无论你在京津塘、珠三角还是长三角打工，你都需要回答以下三个问题：

你怎样成为一个好工人（农民工）？

在农村家里，你可以闲散地安排自己的时间，或者帮助父母侍弄一下自家的农田，总之，你只是一个与世事没有太多关系的人。可是，从进入企业的那一天，就发生了一件十分重要的事——你的身份改变了。这个身份首先意味着一个契约，说白了就是那张“劳动合同”，其中包含着权利、责任、利益。我们常说“为老板打工”，其实你和老板是一种合作关系。老板作为投资人、管理者，承担着为客户（无论国内国外）服务的最终责任，而你和每一位员工（无论是生产线的工人，还是一个业务员，或者是一位品质管理主管），则承担着过程中的责任。你们和老板共同营造着一个对社会负责任的企业，生产着对社会负责任的产品，同时享受着生产经营所带来的效益。因此，你们是企业的“利益相关者”。在这个从农民转向农民工（工人）的过程中，你会体会到，你的权利、责任、利益的含义是什么。当然，你会碰到完全不一样的老板，不一样的企业和产品，合法的或非法的、道德的或不道德的行为。有一天，当你明白应当如何使用和保护自己的权利，如何承担责任和享有利益的时候，你就是一个合格的工人（农民工）了。

你怎样成为一个好市民?

打工养家，是你来到城市的初衷，但并不是你的全部。在转变为打工者的同时，你的生活环境也完全变了，成为一个“城里人”了。尽管由于历史的和政治的原因，你还不是一个户口意义上的“城镇居民”，但你毕竟面对与农村有本质区别的东西——公共生活。你的生活从慢节奏进入了快节奏，你的人际交往从熟人社会进入了陌生人社会。你的社会从面朝黄土转变到面对熙熙攘攘的城市人群，你不仅要逐步熟悉交通规则及更多的法律法规，学会与人交易以及与政府机关打交道，也要懂得如何得体地出入商场酒吧和公司大厦……你在不知不觉中登上了“欲望城市”的快车。这里生机勃勃，五彩缤纷，有太多的变化和机会。这里灯红酒绿，物欲横流，也有太多的诱惑和风险。面对这一切，如何在保持农村为人的诚实和朴素同时，又要以学习城市文明的积极态度和健康心态，适应城市生活，这是非常重要的。是诚信守法还是违法欺骗，是乐观进取还是颓废堕落，是文明时尚还是粗俗不雅，都考验着你的价值观，关键是自己的选择。

你怎样成为一个现代人?

你不仅在做工经商，不仅在享受城市生活，你自己也在这个过程中成长。你可能由于工作出色而升职为管理者，可能学习有成找到更适合自己发展的岗位，你会有自己的爱情和家庭，也会在丰富多彩的生活中找到自己的乐趣。但是，工业化、城市化和现代化，决不是一条舒适的林阴大道。紧张、压力、焦虑总是伴随着追求财富和幸福的人们。在城市生活中，出现不适应症者不在少数，轻者心理失衡、忧郁、自闭，重者狂躁、行为失控乃至自杀。所以，心理健康成了现代人不得不关注的话题。一个重要的课题就是：在人生旅途中不断完善自己的人格。

特别需要指出的是，毋庸讳言，正在转型中的中国，无论在市场经济还是社会制度都还存在许多缺陷，贫富差距，社会不公，特权腐败，都大量存在，以至社会文化和大众心理，都还有许多怪异的症候。这都会给每个人的心理造成一定的创伤和干扰，所以，在社会现代化的进程中，同时要追求人的现代化。

所谓人的现代化，就是要在现代化进程中，同时获得人的文明、智慧、自由和解放。这当然最终有赖于整个社会的完善，但对每个人来说，首先需要得益于自己的主观主动和思想觉悟。我们应当培养乐观、开放、理性、宽容、合作、公正、人道的思维方式、心理状态和人生态度，在纷繁复杂的社会转型中，我们应当选择文明进步的价值体系，构造自己的基本立场和行为规范，找到在社会转型中自己的适当角色，并不断使自己得到完善，成为好工人、好市民和现代人，成为社会转型当中的自觉者，最终向着自由的、负责任的、完全人的方向前进。

吉峰：自己自觉，首先转变。自己自觉，才能转变。自己自觉，才能成就自己的生活。成为自己，才能知道他者，才可能面对他者，这个他者就是资本和社会。重点在于首先自觉。

世界是你们的

刘　坤

富士康公司

发言人

亲爱的打工朋友们，首先，我要向你们致敬，因为“世界是你们的”。作为新时代农民工，大到国家建设，小到衣食住行，都融汇了你们辛勤的汗水，正是有了你们，城市才能正常运行，国家才取得今天的经济成果。

热爱生命　有所作为

青年，是人生黄金岁月，有欢乐，也有挫折，有烦恼，也有不平和抗争，该如何面对？

有员工曾对我说：在日复一日的工作中，仿佛只剩下麻木，不知道生命的意义是什么……作为新时代的农民工，很多人都曾遭遇过一些困境。面对困境，有人坦然处之，有人会畏惧逃避甚而自戕轻生……

与城市里的同龄人相比，你们很不容易。远走他乡，独自谋生，有的还挑起了养家糊口的重担，成了顶梁柱。孩提时，我们有父母的呵护；长大时，我们有同学的友情；成年了，我们又会收获到爱情的甜蜜。远方的家乡里，还有亲人时刻牵挂着你们。不管生活中遇到多大的困难你们都要珍惜宝贵的生命。“没有过不去的事情，只有过不去的心态”。

磨难，其实也是最好的锻炼，关键是要以一个积极的心态去面对，先贤孟子说：“天将降大任于斯人也，必先苦其心志，劳其筋骨”。著名的史学家司马迁，因刚直不阿触怒皇帝，惨遭“宫刑”，在古代是奇耻大辱，是没有脸面再活下去的。但这反而激起了司马迁的斗志，他觉得，与其自暴自弃，含冤而去，遭人轻贱，让亲人痛心，不如忍辱负重，发奋图强，于是在困厄潦倒之中他发愤著书，终于完成了不朽的史学巨著《史记》，流芳千古。古往今来，这样的例子不胜枚举。

就在我们身边，也不乏这样的榜样。李晓光——富士康的“发明大王”，

"全国劳模"。7年来，他发明的专利有148件，累计为企业创造经济价值近100亿元人民币。你们可能没想到吧，37岁的李晓光，其实是一位残疾人，1997年，一场意外的煤气爆炸，让他痛失双亲，全身大面积烧伤，手指被截，右脚也落下残疾。苏醒后，李晓光第一次照镜子，镜中的模样让他异常绝望，甚至想轻生。但看到四处奔走为他筹钱治疗的姐姐，想到逝去的双亲，他不忍心了，他决心与命运抗争，要好好地活。身残志坚的李晓光不仅自强自立，自2000年以来，他还累计捐出钱物10多万元，积极参与社会公益事业。

蓝领一样能成才

学历低，工作忙，何时能成才？如何才能追寻自己的梦想？我给大家讲一则真实的见闻，希望对大家有所启迪。

瑞士，是世界公认的"创意之国"。瑞士人的发明创造不可胜数，堪称日新月异。你们或许以为，那里的人都是硕士、博士，都是天生的才俊吧？错了。我有幸到过瑞士考察，在苏黎世郊外的一所中等技校里，开了眼界；

实习车间里，一个十五六岁的少年，正忙前忙后地在摆弄一台井字架模样的模型，一会儿拿零件在车床上钻孔、车螺纹，一会儿又拿出螺丝刀、老虎钳来调整角度……他在忙啥？陪同的技校教师为我们解说：这个男孩，是初中毕业刚进技校3个月的新生。按瑞士所有中专、职校和技校的规定，新生要在进校3个月后交出一份有创意、又有实用价值的创新作品，作为首次考试的"答卷"。这个男孩自己动手设计并制作的模型，是保护电梯上下的安全装置，可以在电梯牵引钢丝断裂或发生其他意外坠落时，电梯的下一层就会自动弹出四根"托手"，将电梯托住，保护乘客的安全，防止惨剧发生。"按照惯例，这个学生可以正式录取了。我们学校还准备为他申请专利，向社会推广呢。"介绍者面露微笑地说。

经仔细了解，原来瑞士的青少年在九年制义务教育后，几乎80%都不上高中，而是选择自己喜爱的中专、职校、技校去就读。这些学校由联邦政府或地方政府补贴，有发明、创造的，可以申请专利，有贡献的，还另有奖励。学生毕业后，基本不上大学，部分是先工作若干年后，再根据自身发展需要，随时选择相关专业的大学去读本科，也能深造硕士、博士。

这两年来，"大学生易招，技工难找"，甚至"准技工被抢光，高级技工十万年薪难寻"的现象，在我们国家已屡见不鲜。这也证明，要提升价值，追求更好的回报，不一定非要有高学历，若能有一技之长，也会有自己的用武之地。

条条大路通成功

向你们建议，趁着年轻，如果还想读书就继续学，如果不想读书，那就不妨努力钻研技术，成为"术业有专攻"的技师、工程师，同样是受人尊敬的。

如果读书或搞技术都不喜欢，那就提高社会交往能力，学习搞销售、做生意，也都是大有可为的。

古人云："好学近乎智，力行近乎仁。"爱迪生也说过："天才，就是99%的勤奋加1%的灵感。"三百六十行，行行出状元，只要肯学肯钻研，蓝领阶层不但能干出名堂来，而且大有所为。要知道，富兰克林、比尔·盖茨、王永庆、李嘉诚都没有上过大学。

"宝剑锋从磨砺出，梅花香自苦寒来"。朋友们，年轻拥有一切，只要你去实现它，困难，只是你成功航海当中的一个精彩浪花、一个考验，用求知的心和学习的行动，通过考验取得成功，人生才会精彩。

农民工朋友们，成功等待着你们，祝你们成功！

吉峰：学历既不等于知识，也不等于能力，更不等于成功。蓝领也能成才，是千真万确的。一门手艺，一种技能，在学历虚假化、泛滥化的年代，更实在，更能有所作为。但只是心里想是不会实现的。

快乐生活而非金钱人生

王赤辰
赛尔康技术（深圳）有限公司人力资源及行政总经理

作为一名在外企负责人力资源的高管，我要对亿万的农民工兄弟姐妹说些什么呢？努力工作，以厂为家？通过个人奋斗发财致富，融入深圳？不，我只想以我的经验和知识告诉你们，怎样能以合适的方式方法照顾好自己，让自己尽可能地、健康快乐地生活。

价值观决定人生

首先，一个人要树立正确的价值观和人生观。什么才是有价值的？财富，名誉，健康，信誉，快乐，亲情，友情，爱情……哪一个更重要？人生的意义是什么？成功的标准是什么？是获取还是奉献？是财富的积累还是知识经验智慧的积累？是物质拥有还是精神自由？是最终的结果还是努力的过程？是自我价值实现还是社会认同？这些问题，你的回答，将决定你会有怎样的人生。

我女儿16岁时曾这样问过我："爸爸，你说什么是成功呵？"我不假思索地回答："成功就是让自己成为一个快乐的人。"停了几秒钟后又补充道，"同时还能把快乐传递给周围的人。"现在太多的人把追求财富作为自己的人生目标，结果往往是被金钱所累，忘掉了生活的真正意义，终日忙碌而无法快乐。其实，当一个人的温饱解决了之后，金钱和快乐已经没有多大关系了。

如何做？

其次，有了正确的价值观，思想上的问题得到解决。接下来就是如何做的问题。在移民城市，我们如何工作、如何生活？

先说工作。工作清闲工资又高，对于打工者来说，那是不可能的。什么是好工作？我把它概括为三点：好企业，好岗位，好领导。什么是好企业？不是越大越有名越好，而是有好的企业文化，有管理团队和管理流程的企业。比如，好企业绝不会在还没有清楚地告诉你工资福利等员工关切的情况下对你说：明天来上班吧。什么是好岗位？不是官越大钱越多越好，而是能够充分发挥你的强项，给你提供学习机会和成长空间的岗位。什么是好领导？首先是拥有信任，懂得尊重，其次是他有能力做你的指导老师，通过他的指导，你能够有效地提高自己、发展自己。

找到了工作怎么做？我们出来打工，有两项能力必须首先学会。一是学会服从，“遵守约定”，没有一切行动听指挥的纪律，任何组织都不可能高效地运转。不要指望领导像老师和家长那样非常和善地对待你。作为一个离开家乡外出打工的成年人，你必须用自己的行动，对自己的行为负责。全球化时代意味着，行为方式和思维方式不同的我们，不得不在一起工作和生活，没有大家共同遵守的约定，我们将无法有秩序地工作和生活。二是学会合作，“包容异己”，你产线上相邻的同事，宿舍里上铺的室友，可能都不是你喜欢的人，但你必须去学会包容地同他们相处。在一个组织里，他人是你的环境，你也是他人的环境，别人和你是不同的，我们都应该获得同等的理解和尊重。

如何做得好

有了上面的基础，就不会在工作和生活中出大的问题，接下来就是如何做得更好，获得更多个人发展的机会，我总结了三点：一是勤奋，二是负责任，三是不算小账。勤奋就是勤动脑、勤动手不偷懒，做得越多越累，但你学到的东西就越多，被领导赏识获得晋升加薪的可能性也就越大。负责任，就是敢于担当，主动承担责任，对结果负责，而不是做完领导交代的工作不问结果交差了事。不计较，也不算小账，多干后多得，先耕耘后收获。一个人能做到这三点，相信他一定会有一个很好的职业发展。

不拿青春赌明天

小的时候我爸爸经常对我说：“吃饭是为了活着，但活着可不是为了吃饭。”活着是为了把有限的生命融入到无限的共产主义事业中——为全人类的解放而斗争。在这个被马克思描述为“玻璃店老板希望下冰雹，棺材铺老板希望发瘟疫的初级阶段”，读万卷书行万里路，是人成长不可或缺的两个部分，外出打工看不同的风景，和不同的人们一起生活也是生命的一种扩展。

深圳是一个欲望的城市，太多人的身心处于不健康状态，我们主动或被动地拼命工作。偶尔闲来，放歌纵酒，“我拿青春赌明天”，彻夜网游和打牌等，轻者睡眠不足，精神颓废，重者身心俱毁。如果我们任凭本能驱使而不能自我约束，后果是非常危险的。除了睁大眼睛，审慎地观察我们周围的世界，还应时常反观自我，“吾日三省吾身”，以至能够从经历中总结出经验，唯此，方能在树立正确价值观的基础上，超越做对、做好的层次，过健康和快乐的生活。

吉峰：快乐的生活，需要健康人生态度和朴素的心，免得被社会所同化。受尊重得信任有发展，遇到这样的领导和企业是幸运。但更重要的是，是在于自己而非依赖他人和企业。因为，打工者本身是活生生的人。

我们都负有责任

王　芳
央视《新闻周刊》
记者

周五在办公室加班的晚上。一个久未谋面的好友MSN上出现，问我在忙什么。我说在做农民工得尘肺病的节目。她立刻冒出一些诸如农民工得尘肺病是因为素质低，口罩给了他们也不会戴之类的话。我非常震惊，因为她平常并不是一个冷血的人。

那天下午我刚刚采访了讨要赔偿的100多名尘肺病农民工的代表，也仔细听了开胸验肺的农民工张海超对自己命运的理解。我正沉浸在这样一种情绪中；对于中国每年1万多名得尘肺病的民工，对于有数字统计的64万尘肺病人，对于更多的在无知和无助中死去的人，难道不是我们所有人的耻辱，所有人的责任吗！

我看到镜头中因尘肺而死去的民工，他们的肺组织是灰黑色的，专家说这样的肺用斧头都砍不动。当年在地王大厦打基桩钻孔的农民工，向我讲述他们钻工1990年代的风光，他说；“那时候觉得浑身都是劲，一天干24小时都可以，收入最高一天300元钱。”但是他们不知道，风钻作业和爆破带来的巨大粉尘，会让他们的肺逐渐变成黑石头，这个病只能防治不能治愈，他们最后都将死于肺部衰竭的窒息。

他们的自述中写着：“我们不但要依法为自己讨回公道，为身后的妻子儿女和年迈父母争取抚养和赡养费，同时，我们更愿意以我们无可挽回的正在消逝的生命，为那些像我们一样受到非法剥夺的农民工兄弟们改善劳动环境。”张海超说：“这么长时间，可以说赢的是我，输的还是我，我赢的可能是赢回我那点应有的权益，输的是我生命。”他再也不可能回到过去的健康生命当中，不管未来谁赔给他多少钱，他的生命都已经渐渐衰竭。

但是，一个我的好朋友，一个曾经和我无话不谈的朋友，说出了类似于他们活该的话，我非常震惊。我自认并不是一个理想主义者，更不是催泪新闻的炮制者，我只想关注人的命运，关注怎么能让我们都能好好地活着。这个朋友，也并不是一个冷酷的人，我坚信她的善良，可是为什么，她会说出让我感觉如此刺耳的话？她刚刚升了职，在一家上市公司做营销方面的负责人。而我的表哥，也是类似的工作，事实上，她的语调，和我表哥是如此类似。他们似乎坚信弱肉强食的法则，坚定到让我感觉绝望和愤怒。改革开放30年，我们失去了很多，而且，失去的那些东西，对于我们能否活得幸福很重要。

南美洲亚马逊森林里的一只蝴蝶扇动一下翅膀，亚洲可能会挂起台风。没有人与人是不相关的，社会是人类的社会，农民工群体就生活在我们身边，农民工的生活关乎我们的生活，我们都对农民工负有责任。

吉峰：这是充满感动人心的道德友爱篇章，显示了媒体人的良心和责任，但这绝不仅仅应是媒体人、媒体的责任。2.42亿农民工群体，生活在城市中高楼大厦的边缘，住在宿舍或出租屋里的打工者，为高高在上的城市人服务，在为生存挣扎的同时，承受着歧视和不公。很多人甚至都不愿意成为旁观者。“高楼本是穷人修”。我们共同生活在一个社会中，天然也必然的，必定彼此相关，无论后果是什么。

会计报表

杨　鹏
壹基金秘书长

企业家平常最关心的是什么？就是会计报表。会计报表是企业老总管理企业的重要工具，反过来，会计报表也塑造着企业家的灵魂。但企业家很大程度上就是会计报表的奴隶，受制于会计报表中的数据变化。企业家的喜怒哀乐、得意与沮丧、傲慢与自卑，都是会计报表的反映。显示的是资本精神。会计报表反映出了一个什么样的精神世界呢？

用货币来计量和控制一切

企业家习惯把一切有价值的东西都转化为货币计量来处理。同时，它也影响了企业家的人格。习惯之后，已不习惯处理不能转化为货币计量的价值。所谓企业家精神，首先就是将一切按货币收支来判断。“……暮去朝来颜色故。门前冷落鞍马稀，老大嫁作商人妇，商人重利轻别离……”白居易《琵琶行》这首诗，将商人唯利是图、无情无义的形象写入了历史。爱情、感情值多少钱？成本收益如何？这得算清楚。会计报表的精神就是这样要求的。

马克思说：“资产阶级在它已经取得了统治的地方，把一切封建的、宗法的和田园诗般的关系都破坏了。它使人和人之间除了赤裸裸的利害关系，除了冷酷无情的‘现金交易’，就再也没有任何别的联系了。它把宗教虔诚、骑士热忱、小市民伤感这些情感的神圣发作，淹没在利已主义打算的冰水之中。它把人的尊严变成了交换价值，用一种没有良心的贸易自由代替了无数特许的和自力挣得的自由。总而言之，它用公开的、无耻的、直接的、露骨的剥削代替了由宗教幻想和政治幻想掩盖着的剥削。”这话说得够狠。货币是什么？货币就是一种控制力量。这个世界只关心以贷币表示出来的成本与收益，只关心利润的变化，只为金钱而奔忙。说到底，就是为控制力量而奔忙。不能转化为货币计量的东西，不能增加控制力的东西，就没有多少价值了。会计报表是一个纯粹追求控制的世界，企业家逐渐形成一种常识和习惯，即一切都可以转化为货币来处理，货币完全可以搞定一切，控制一切。

资本所有者权利至上

资本主义的真实脉搏，就是资本所有者权益至上，会计报表就是资本主义精神的表格化。

资产负债表有三个最重要的数据：资产、负债和股东权益。表现是资本者权益。利润分配表有三个最重要的数据：净利润、可供股东分配的利润、未分配利润。仍然是资本所有者权益表现。我们的应试教育制度，使教师的职业使命是提高学生考试成绩，我们的会计报表制度，使企业家的使命是扩大资本增值量。

企业经营离不开职工，但职工在会计报表中处于什么样的地位呢？在会计报表的科目中，职工问题只是一个工资福利费用问题，被设为“应付工资和应付福利费”，概念上就是费用和成本。股东问题则被设为一个明确的“股东权益”科目，概念上就是权利和利益。为什么股东科目是“股东权益”，而职工科目并不是“职工权益”呢？权益是不能侵犯的，费用是可以压缩的，企业家心里明白，哪些人是不能侵犯的，哪些人是可以压缩的。职工问题，只是一个讨厌的费用压力，哪还会有职工权益意识呢？看来，历史上的工人运动，劳资矛盾的激化，可能就是被会计报表搞出来的。

生产过程中，企业要从自然环境中获取原料，这样就会对生态造成破坏。企业生产中能源和物资的消耗总量有多少？资源使用效率有多高？向环境排出了多少垃圾和废物？会计报表中没有这些科目设定，因为这是“外部性问题”。由此看来，中国企业资源使用效率低、环境污染和生态破坏严重，也可能是会计报表搞出来的。

会计报表科目中没有职工权益和环境责任，因此不关心职工权益，不关心环境生态责任，唯资本权利是图，成了企业家的普遍特点。奇怪的是，一些关心社会和环境问题的企业家，反而常常会被视为“非企业家”。无论怎么说，会计报表人格的形象带来的是一种邪恶感。

合理性的历史来源

会计报表的人格形象，虽然给人一种冷酷和邪恶的感受，但是，为什么这样的会计报表会通行于世，它的历史合理性在哪儿？

会计报表始于16、17世纪的西方。是人类进第一次进入大规模发展资本主义的早期阶段，在新科技和新大陆发现的刺激下，工商业者开始取得历史地位，冲破种种封建政治、文化的阻挠，发展和积累资本。发展的要求将资本权益提升到历史最高点，发展至上，资本至上。经济发展因此而具有了历史合理性。这是人类历史的转型。

资产阶级革命成功后，就把我们今天看到的会计报表推向全世界，全世界给资产阶级让道，由货币力量来控制一切。在新兴市场资本稀缺的时代，要实现发展，一切就得为资本积累让道，这也就是说，为资本所有权和企业家让道。宗教、诗歌、家族祠堂逐渐被扫出了生活中心，甚至政治也被严格地管束了起来，一个以保护资本为核心的法治社会出现在现实之中。这种生活方式的一切历史合理性，就在“发展”这两个字上。当我们有了发展是硬道理这句话，我们就必然会有今天这样的会计报表，有了这样的会计报表，就有了资本、资本家、资产阶级。过去，以土地为生存的要素时代，地主和自耕农就是社会的主人。在资本作为发展的要素时代，资本家就是社会的主人。

探索全要素增值报表

今天，资本日趋丰裕，而有三个要素的缺陷开始上升：一是尊重人的精神，二是创新精神，三是环境生态，核心是人。在主流会计报表的影响下，一些企业老总心中只有资本负债、现金流动、利润情况，而他们对人才队伍变化、职工素质、受教育程度、家庭生活和身体情况的变化，却从来没有真正的关心。能否在资本保值增值的同时，也使自己的人才队伍和职工队伍也保值增值呢？今天的中国企业家，应当超越会计报表的狭隘精神，要围绕人力保值增值建立起一套报表系统，这个“人力报表”要像资产负债表、损益表和利润表一样重要，纳入总的会计报表系统。人力不应当只是费用概念，而应当是权益概念，应当是保值增值的概念。企业家既要对股东权益和资本增值负责，也要对职工权益和职工增值负责。同时，也要将环境要素纳入经营管理范围，降低能源消耗，减少垃圾和废物排放，提高资源效率，承担环境责任。

中国企业家要全面健康发展，就必须改造和完善现行的会计报表制度。必须以尊重人为核心。探索实行“全要素增值报表”，综合三要素责任，将货币量度、实物量度和劳动量度三种量度结合起来，建立超越传统资本家狭隘的纯资本化人格特征，企业可持续经营和长远发展。如此，将会塑造出全然不同的企业家人格形象。

吉峰：会计报表和农民工，好像完全是风马牛不相及的两件事。但真理的奇妙之一是，所想象不到的无关事物之间蕴含着深刻相关，此文就是如此。但再奇妙的真理，也需要从人心出发，否则，即使是肤浅的表面问题，也会成为重大问题而众说纷纭。而人类历史一直到今天辩论不休的问题之一就是，有否绝对真理或真理是什么，都尚未得到确认，更遑论什么真理了。就如劳资关系问题来说，即使是不从会计报表来看，而从保障生存，而不是保障生活的最低工资看法上，也会出现极端的声音，或许证明这并不是多元能解决的问题。

在某些东西严重缺乏的背后，我们缺失的是更大的一些东西。我们必须咽下横在我们面前的，尚不知道最终结果是什么味道的劳资关系这道菜。在这以前，会计报表为这道菜添加了一些味道。

利他共生的劳资关系

陈泓琪
四度空间公司
法人

也许是从小长在红旗下的缘故，至今我也不认为企业家是资本家、老板的意思注解。我对企业家的定义是：一个身上承担着更多责任和义务的大白领。从这个角度，我将公司与员工这些年的经历和感悟与蓝领白领一起分享，一起探究公司经营与员工个人发展的关系。

经营之惑、劳资困惑

公司（四度空间）成立之初，伙伴都是同学，总之是熟人，是一群哥们儿、姐们儿在一起开心地工作、创作。业务一天天增大，公司有了雇员，开始步入企业经营轨道。随之而来劳资关系问题也摆在了眼前，因为公司已不再是仅仅是熟人构成，面对更多成长背景的伙伴，开始感到力不从心。

在大家一起努力下，公司一度成为行业的领军者，但之后发生的事情却让人感到沮丧。团队的骨干成为行业内竞争对手争相拉拢的对象，一些熟练的技术人员和业务员，也纷纷离开公司自己创业，其中更有倒戈和倾轧的事情发生……种种不愉快让我感觉十分受伤害，心生厌倦，一度产生离四度而去的念头。

公司从事广告创意工作，人才是企业的核心价值。怎样留住人才？公司怎样与员工共同发展？困惑时间长达8年，直到今年年初我接触到日本经营之圣——稻盛和夫先生的阿米巴经营哲学，才找到解惑的根本方法，并坚定地与员工们在企业内部实践。

利他共生——经营理念

公司的经营理念是什么？我和员工们会回答出各种版本。这说明我们根本没有理念。

在日本的高级商业智慧的体系中，他们认为企业的经营理念，是企业一切行为和存在的根本和起点，即“企业原点”。而著名的稻盛和夫更将企业经营理念视为终身的价值体系，那句“敬天爱人”，至今都是京瓷公司的灵魂。

学习和思考之后，我终于明白了，努力了十年的公司为什么没有枝繁叶茂，没有理念，企业就像无本之木，当一个个枝芽冒头后，它就需要移植到更肥沃的土壤中去成长，或嫁接到更粗壮的大树上才能满足它的发展需求。一旦想通这个道理，我不再抱怨那些离开的员工，抱怨那些没有工作激情的员工……我清晰地看到了自己的责任。

顺着这个思路我产生了“利他共生”的经营理念。那一夜我几乎失眠。这个发现让我莫名兴奋，我终于看到我作为公司、资方的使命，看到公司的发展空间和员工价值所在。

“利他”精神之于公司，表现为客户、合作伙伴、员工创造价值，及至为社区、行业及至整个社会创造价值。核心是员工。公司将员工看作是伙伴，公司要首先利他，即首先利于员工。员工将公司看作是自己的一份子，而不是拿一份工资做打工的，结果，公司与员工的关系就是“利他共生”，公司与员工共同成长。

阿米巴——利他共生的劳资平等关系实践

早在2005年公司已做过事业部制的改革，实行“成果主义”。其结果是各个事业部争抢公司资源，使得整体配合的效能不好，内部矛盾激化，大量精力被内耗牵制，不到两年的时间，一切打回原形。改革以失败告终。

与成果主义相反的是稻盛和夫先生提出的“阿米巴经营管理体制”。 阿米巴经营要的是整体效益，它将公司组织分为一个个“阿米巴”小集体，而每个阿米巴，从运营目标、实施计划、成果分配等环节都根据市场的需求进行生产，是高度的独立运营的有机实体，而阿米巴的成员是这个实体的主人，即以合伙人、股东的责任要求自己，而不是以员工或打工的身份。在保持活力的同时，以“单位时间核算”这种独特的经营指标为基础，在尊重人的基础上，追求附加值和公司整体效益最大化。而且，每个阿米巴的绩效，不以经济效益为唯一、为最高的目标追求，而是以经济效益和团队所有成员的互助合作、帮助和共同发展进行综合考量。这就避免了一切向钱看，而不尊重人、不重视团队建设的弊病。

2010年，公司推出阿米巴模式的新事业部机制。起初，员工普遍对员工不是公司股东，但却以股东、合伙人的身份，参与公司经营、决策和利润分配，多是惊疑和迷惑。当公司将“利他共生”的经营理念和阿米巴模式，作为正式的政策后，很快两个年轻人脱颖而出成为阿米巴事业部管理者的负责人（公司叫合伙人）。我们边实践边修正的阿米巴事业部制改革正式展开了。

劳资双方共同选择“阿米巴合伙人”。

第一步选拔领导人。选拔的条件只有一个，就是“人”，更准确讲是看人的品德。每个竞选人都会谈他的意愿、想法和行动计划。先考虑到更多员工利益的人，首先考虑他做的事情，能给其他员工带来利益的人，就是公司要寻找的人。事实证明有利他思想的候选人，在随后的工作开展中，因为正直、公平、诚实、敢于承担责任的品质，令事业部离开公司原有高层的管理之后，依然取得收益的持续增长。这种选拔实际是员工和公司共同的选择。

第二步，开展以“财务数据核算”为中心的“计数”管理，每月、每周、每天，财务部都为事业部提供运营数据，便于事业部对业务内容和成本费用进行自我管理和调整。“计数”的工作围绕着每个人。“计数”也提醒着每个工作者，思考应该如何改进工作内容，令整个事业部的成效更好。这种方式使员工对员工自身，提出了完全超越打工者状况的高层次要求和挑战。

问题和风景并存

与所有新生事物一样，在推进阿米巴的过程中，同样面临着问题和矛盾。

没人管了：过去人们习惯公司高层发号施令，然后同事之间再做执行和配合，有了问题时找高层。而成立事业部以后，在没有形成新的合作默契度之前，一些员工对我说：您看，您现在也不管我们了，这么多问题怎么办啊？每当这个时候我都会偷偷地笑，因为我知道员工从“被管”到“自管”有个过程。

财务数据血淋淋：在没有实行事业部前除了我，公司几乎没有一个人知道公司的财务状况，理由很简单，每个人都认为除了自己能拿到的收入之外，其他都与他无关，但事业部的方式是，让每一个员工都成为企业的管理者和经营者，这就必须要看财务数据。还真是不看不知道，一看吓一跳，原来每个数据与“赚钱”都大有学问。越来越多的员工陷入思考。

先“小家”还是先“大家”：自事业部成立并独立核算以来，事业部的目标在执行的时候，与公司共同目标并不一定吻合。前期部门无法接受后期部门因为成本控制的理由，拒绝完成合同金额较低的项目，后期部门无法接受前期部门对客户的诸多服务内容。

问题每天都变着花样出现在公司和员工面前。但我已不会像过去那样，听到抱怨就立即冲在第一线去解决，我明白那等于是自己对阿米巴事业部机制的否定，对员工的否定。我相信这种矛盾的解决，是我们所有人能力提升、共同成长的必经之路。我愿意与员工一路互相扶持，走“利他共生”的发展之路，想必这一路有着优美的人生风景。

吉峰： 打工者很难碰到“阿米巴合伙人”之类的好事。但问题复杂在于，真有这样的“好事”时，找“好人”也是件不好找的事了。或许是太多的好人，已经过惯了坏日子。利他共生的劳资关系，是一幅愿景。企业有见识如此为，在当下的劳资关系现状中，即使只是走在路上，都让人赞赏。劳资欠账太多，积累的问题也太深，有识企业已经到了主动作为的时候。

公司政治

何新云
深圳市合智
企业管理咨询师

公司政治

有人的地方就有人际关系，这种人际关系在公司里，就是公司政治。只是这种政治不大同于一般意义上的政治。公司政治是一种人与人之间为了获得工作机会、经济利益、组织权力和个人利益而展开的一种斗争。其本质就是权利和利益的斗争。这种斗争，没有明确的法律规定，也没有完整通用透明的公司规章制度，一切因老板是什么样的人和不同的公司文化而不同。在这个以金钱挂帅的时代，便出现了各种勾心斗角、尔虞我诈、有时堂堂正正有时暗暗歪歪的公司政治，在这当中，各种形形色色的“有色人”耍尽各种手段，玩弄公司政治，为的是捞取最大好处。不管一个公司的公司政治如何，都会对公司和个人产生很大的影响。

无论办公室内部人员规模大与小，内部的人际关系都很难像学校和家庭那么单纯。相对而言，如果办公室最大的领导，具有很强的黏合下属和管理下属的能力，则办公室内部的关系就会显得单纯一些。反之，则可能会出现较多的明争暗斗的办公室政治。有些企业的最高层领导，为了达到控制整个团队的目的，也会故意制造办公室政治的方式，通过公司员工之间的互相之间争斗而达到自己的权力管理或平衡。如果打工者能理解办公室政治的这些在权力、利益分配上的一套成文不成文的潜规则，再结合我们本身在专业与技能领域的能力，则我们在公司内部就会有一个较好的生存或发展的机会。否则，无论你有多么强的专业水平，也无论你在本领域具有多么丰富的经验，如果你不能在一个复杂的办公室政治环境中首先学会保护自己不受到伤害，则很大可能你将一事无成。这既是人的悲哀也是现实打工世界，采取回避的态度，或者另谋出路的方式，都不是解决问题的根本办法。

公司政治形成的原因多种多样，既有企业在发展的过程中，最高领导的为人处世、管理风格、思想意识等形成的一种文化；也有的是管理人员为了维持现有的职权或想要获得更高的晋升机会而采用的一些行为。以下方法供你在面对公司政治的时候作为了解参考：

新员工公司政治

对于新员工来说，办公室政治还不大能和他们沾到多少边。新员工要做的，更多的是积累自己的专业知识和技能，增加阅历和经验。尽快适应公司政治，让自己度过试用期，并将精力投入到工作中。

专业能力强的员工公司政治

这类人员往往较多关注的是工作，而不大会去理解内部的人事关系。他们专心于某一项技术，并通过解决技术难题而获得成就感，至于其他人是否理解他们或者是否关注到他们，并不太关心。即使因为存在办公室政治，有旁人故意找茬，除非影响了他们的这种成就感，否则他们也不会太过计较。

从公司的利益角度讲，对于专业能力强的人，要尽可能帮助他们屏蔽掉一些会影响到他们工作发挥的公司政治，以利于专业人员集中精力创造最大效益。但专业人员也不必完全置若罔闻。

管理人员公司政治

这类人员是办公室政治的发起者与制造者，他们最应当具备改良和发展办公室政治的能力。很多职业经理人，跳槽的频率很高，除了薪酬的因素，大多是没有处理好办公室政治的原因。如何将办公室政治转换成对自己工作有利的一面，也有多种方式。除了要认可或接受并适应办公室政治外，还需要通过自己的经验和能力改良办公室政治。对于一个老员工来说，已具有相应的历史地位和影响力，办公室政治对其产生的负面影响已经不太显现。但对于一个刚刚来到公司的职业经理人，如果没有处理好办公室政治，则会对自己的工作甚至职业生涯都带来不利影响。想要改良公司的办公室政治，首先就要去深刻了解公司的办公室政治。

如何了解这种办公室政治，如何培养自己的这种组织意识？我的建议是，在企业的最初几个月时间内，不要轻易地对问题下结论。花一些时间，通过查阅公司资料、参加会议、与人闲聊、参加公司举办的各类活动、接受他人邀请的聚餐等方式观察并了解公司内部究竟存在怎样的政治关系和政治问题，关键人员的背景是怎样的，哪些人是公司领导的亲戚，哪一些人是小团队等等。总之，作为管理者，必须政治敏感，对于企业政治要做到尽快心中有数。只有对企业政治格局心中有数之后，才有可能站对队伍，才有可能真正有效率地做事，也才能谈得上改良办公室政治。在你理解了办公室政治，并且逐渐地适应了公司的文化与环境后，就可以开始尝试以温和渐进的方式，改良办公室政治并改进自己的政治关系。由于你自己也已经身处其中，你又完全理解了当前政治形成的历史，所以你才能理解所有其他政治格局中人的利益、观点、立场，才能找出真正适合他们愿望并且使整个政治系统局部调整后得到提升的好办法，你提的改进意见才有可行性，做起来才有人支持，你改良企业政治与企业管理的良好愿望才不会因企业主要人物的反对而落空。

高层领导应当所为的

公司高层团队领导需要站在企业经营发展与战略的高度上来理解公司政治。当处在这样一种境界的时候，就需要跟随环境的变化、企业发展战略的需要来调整和发展办公室政治。尽管办公室政治表面上是一种人际关系、利益关系问题。但深刻的本质上是人的价值观和信仰的问题。高层办公政治的改变，必将涉及到原有利益格局的改变，对这种利益的调整，不仅仅需要勇气，更需要智慧。如何处理好这种博弈，需要对公司政治中利益各方立场、观点的深刻理解，在处理和解决时需要高度的人生智慧。

最后，无论你喜欢与否，公司政治都是客观存在的，只是轻重不同而已。拒绝和回避都不是办法，也不能解决问题。首先，我们要面对它，而不能逃避，因为逃避不能解决问题。其次，要以一种适宜方式方法对待它，才是具体的解决之策。最后，单单只是指责和抱怨是没有任何意义的。还要一定程度上去适应这种文化，否则自己就会成为办公室政治的牺牲品。但“适应”的意思绝不是被同化，更不是同流合污，而是在保守正当为人的原则下，避免使自己成为牺牲品或被玩弄者，力所能及地改善公司政治环境。作为管理者和高层领导，可以主动将自己融进到公司与部门环境中，去感知内部人员的特点，认识不同人员的行为方式、知识体系、经验背景等不同的差异。当你对人有了根本的认识，你也就会有办法公司政治了。最终有可能超越公司政治的权谋和利益层面，而将公司带到一个真正为人的“人治”高度。

吉峰：真正的公司政治应该是以道德、人品和尊重人为基础。公开公正的制度为规则。不应将营私结党、玩弄权术、损人利己、卑鄙无耻的行为当作公司政治的能力和荣耀，免得聪明反被聪明误、害人害己害公司。同时，也要知道，玩刀者死于刀。

汪洋书记说给打工者的8句话

汪　洋

中共中央政治局委员、广东省委书记

汪洋说给全社会的话：

全社会都要尊重外来工、感谢外来工、厚爱外来工！

我们要永远铭记数以千万计的农民工兄弟姐妹（2008年12月16日《南方都市报》）

汪洋年轻时的梦想：

我17岁当工人，拿着17.5元的工资，抡过大锤，睡过地铺，加过夜班。当时的梦想很简单，就是希望工资涨得高一点。

汪洋年轻时记住的一句话：

生命对于每个人只有一次。当人们回首往事时，不要因为虚度年华而悔恨。（原话摘自《钢铁是怎样炼成的》）

汪洋是怎么读书的：

多年来，我一直注意读书学习。每天无论多么晚，都坚持看一会儿书才休息。

汪洋对农民工兄弟姐妹的希望：

希望农民工兄弟姐妹们都能自尊、自立、自信、自强，拥有梦想，积极奋斗。祝愿你们梦想都能开花！

汪洋说梦想：

80后、90后农民工兄弟姐妹，正是拥有梦想的年龄，不是所有梦想都能开花，但是没有梦想的生活就一定不会开花！我坚持着我的梦想，努力不虚度岁月，使我在以后的成长中受益。

只要有梦想，并且努力为自己的梦想不懈追求，相信你们一定会在各自的领域有所成就！

汪洋：“没有梦想，生活就一定不会开花”。

吉峰：汪洋书记从当工人抡大锤到省委书记，为我们做了有梦想就可能有实现的好榜样。

我们都是农民工

郑广怀
中山大学社会学
与社工系讲师

郑广怀：

对大学生、白领或中产阶层而言，农民工是个容易使人获得优越感的词汇，是个容易让人发出“比上不足，比下有余”感慨的词语。这种感慨的前提是，我们不是农民工，我们的处境比农民工优越。然而，事实真的如此么？当我们深入思考农民工含义的某些本质时，我们可能不得不承认，我们都是农民工。

农民工的突出特征表现是权利得不到保障，如讨不回被拖欠的工资、加班得不到法定工资、劳动条件恶劣等。有人说，权利得不到保障的原因是企业没有成立工会，或者有工会没有发挥作用。有人说，关键的原因在于农民工没有打工所在地的选举权和被选举权。可是，这些问题都不只是农民工才面对的。

或许你是刚入职的大学毕业生，或许你是白领，表面看起来你的工作条件和环境可能比农民工好，但每个月的工资够你养家糊口吗？你是向家里寄钱还是向父母要钱呢？你是否能凭工资买得起房而不租住出租屋呢？你每周工作时间公司是否按劳动法标准执行了呢？每个月的加班老板给你支付加班费么？当公司不支付加班工资或对你任意罚款的时候，工会为你据理力争过么？当大部分员工都有涨工资意愿的时候，工会为此组织过集体谈判或罢工么？（对了，各位看官，官家的说法是“集体协商”和“停工”）。或许你本来就有本地户口，或许你已经得到了城市户口，但每次人大代表选举的时候，你见过选票长什么样么？被“选”出代表你的人大代表为你的权益争取过吗？

农民工的另一特征是工作不稳定和流动性大，但这也并非他们所独有。以前的国企工人被认为是“铁饭碗”，工作够稳定吧，可是当社会主义市场经济需要其中的某部分人做出牺牲的时候，作为老板的国家还是毫无犹豫地把他们集体解雇了，如：20世纪90年代中期的国企工人集体下岗，只不过这次不叫

"解雇"，叫"下岗"。某个国资委的官员甚至公开把工人集体下岗当作自己的政绩，宣称说："没有下岗，哪来效益"。就工作流动性而言，白领或白领后备军（大学毕业生）也不输农民工，他们和农民工一样，无论遭遇多少求职和就业道路上的挫折，总是希望下一个面对的是有良心的老板，总是希望通过工作流动实现收入的提高和地位的提升。频繁换工的背后折射的恰是权利的贫困，特别是集体权利的贫困。试想，如果工会真正是工人所有、工人所治、工人所享，无论蓝领还是白领，都没有必要如此频繁地"换工"或"转厂"，因为通过工会，你就可以在企业内部在一定程度上实现你的愿望，设计并实践你的职业生涯。另外，农民工对良心老板的希冀和我们对"包青天"式人民公仆的再世的憧憬其实毫无分别，农民工希望资本的仁慈，我们希望权力的恩赐。

农民工无法在城市长期立足或安家。原因之一是因为，在"万恶"的资本主义国家或地区，工人收入的最低标准是按养活一个家庭来计算，如香港最近实施的最低工资标准就是按一个工人供养三个人来计算。但是，在"优越"的社会主义社会，农民工收入的最低标准却仅仅够勉强养活自己，于是他们只能将妻儿老小留在农村。但农民工因收入低等原因无法在城市立足或安家，白领们收入高一些，就有能力在城市立足或安家么？面对只涨不跌的高房价，除了蚁族和蜗居，我们还有别的选择么？就算你动员一家或几家之力，咬牙买了房，这房子也只是给你"暂住"70年。或许你比较有远见，墓地也考虑好了，对不起，你在地下据说也只能"暂住"20年。我们和农民工都一样，都是暂住在城市的过客。面对昂贵而稀缺的医疗资源，除了和农民工一样祈祷自己不得病，除了得了病后找亲友接济，我们还有别的选择么？我们有多少"挥刀自医"的勇气呢？

我们都是农民工，这概念很多人怕是接受不了。但如果你懂得我们党的"三大法宝"之一的"统一战线"的道理，你就会接受这个概念。因为，只有承认我们都是农民工，才能使自己不是农民工，才能帮助农民工走出弱势，走出权力和资本联手打造的阴影，沐浴到比阳光还耀眼的公平正义的光辉；只有承认我们都是农民工，才能意识到改变农民工的命运，也是改变我们自己的命运，因为我们和他们一样，都是权利匮乏的一群，都是暂住城市的一群，都是无所依凭的一群。

我们都是农民工，这可能不是一个新命题。

我们都是农民工，这可能意味着新的可能和实践的到来。

吉峰：

我们都是农民工！多么可怕的词语！多么残酷的现实！多么光明的晨光！

什么是农民工，本书前言已经作了说明，综合而言就是：工资仅能维持生存，缺失社会保障，受制度歧视，没有家庭生活，权利常受侵犯。简单一句话就是经济权利和政治权利都受到不平等对待的打工群体。什么是“我们”呢？打工者、被打工者和愿意以感同身受承担责任的人。

农民工主要面临的工资低、社保缺失、不受尊重、公民权利缺失的四大问题，这也是白领阶层的问题，与农民工相比没有不同。而且，一些工资明显高过农民工工资收入的白领，也未必如农民工的生存质量高。因为，农民工虽然收入少，但没有白领阶层那么高的消费和期望，生存、居住和社会交往成本也低，长期在工厂工作和居住，比白领更容易攒下钱，白天累晚上睡得着，过得还实在些。

就工资收入而言，白领所得的高工资，大部分用于支付在市区里生活的高成本，而不是体现白领工作技能的净收益，所以，白领的状况只是表面看起来比农民工好一些，本质上同农民工并无二致。至于大学生打工者，那状况更加糟糕，因为众所周知的教育体制问题和劳资关系失衡，大学生进入社会参加工作学无所用，又无企业实际工作经验，导致相当数量的大学生在求职中，大学文凭非但不能成为一种竞争力资格，反而备受指责成为了三种人：“什么都不懂，什么都不会，什么都不能干”。一些大学生难以从农民工普工的岗位做起，又没有管理经验和实际能力，担任工厂（公司）基层管理的职位（如领班或线长），找工作更困难，即使找到工作，工资也很难比农民工开得多（大学生自身放不下身段和人生观的问题，也是一个问题）。

30年改革开放，从工人这个词到打工的，再到农民工，改出了太多的特色。农民工这个原本单纯的农民打工群体，从90年代开始到2000年以后，逐渐变成了一个由临时工、临聘人员、合同工、雇员等不同身份、多种人员群体组成的“打工综合体”。当中不乏国企下岗工人、事业单位人员和城市户籍的失业人口，在数量上稀释了原本单纯的农民工群体，造成了劳资关系问题进一步失衡，证明了“我们都是农民工”。

从劳资关系现实讲，我们都是农民工是现实写照。从社会角度讲，“我们都是农民工”，是因为我们注定都活在一个社会里，都彼此相关。他人没公正，我们也不会有安全。他人生活得不好，我们也绝不会幸福。“我们都是农民工”不但是现实，也可以是一种力量，可以成为一种升华，也可以成为“我们都不是农民工”。最终在于我们如何认识和行动“我们”。

吉峰：我们都是农民工。我们都有责任。

征文、征像片、征歌手、征作曲者

吉 峰

本书是吉峰写作打工问题的第一本书，为表现打工的真实、故事和精彩，还将可能出版相关书籍，如《蓝白故事》（打工者亲身经历）、《蓝白思想》（精神思想）、《蓝白日记》（打工日记）、《蓝白合唱团》（各种形式的打工文章汇集）、《打工像片》（打工者随手拍）等系列书籍。本书向打工者和非打工者两类作者征文（像片），将会按照作者投稿的类型和内容，可能的分类编辑成书。就像本书中的打工故事篇和社会（劳资关系）共言说篇一样。

征稿不采取发奖金的大赛方式。希望打工者，用真实、朴素的语言，写出打工故事和思想，使淹没在无数工厂和城市高楼大厦背后的打工者，获得一个敢于想象、写出故事、表现生活的平台，使怀有社会责任之心的非打工身份的人，写出有益打工者的思想性文章。

投稿规则

一、征文作者的身份说明（征文作者的身份分为两类）

1. 打工作者身份：专门针对打工者的征文。不管你是农民工打工者，还是大学生打工者，不管你是农村户籍还是城镇户籍，只要你经历过打工生活，都可以以打工者的身份投稿。但文章内容一定是你亲身经历的打工故事或感受。故事发生所在地不限。

2. 非打工作者身份：专门针对非打工者的征文。如老师、企业管理人员等，地域和文章题材不限，文章内容与打工内容相关。

二、征文题材说明

故事类：内容包括打工故事，学生工厂实习、发生的一件事、农民工自学成长、回忆录、朋友间相处的事、家庭的事和日记等。

文艺类：内容包括散文、诗歌、画画（漫画；具有创作漫画技能的农民工，可直接发送漫画作品）、书法、摄影、手工（女红，在邮件中说明手工状况）等。

思想类：内容为思想性文章（对人生或打工的思想认识）、杂文、书评、感想、时事评论等（不接受小说投稿）。你也可以就本书的某些内容写出评论。

文字类稿件字数最多不超3000字，字体五号，行间距1.5倍。稿件应是投稿者原创。

三、征文投稿简历说明

投稿要求：投稿者需将个人简历和投稿作品，一并发送到指定的投稿邮箱，以便让编者能对你（作者）有所了解。简历简短明了即可，应包括的内容为：姓名（真实）、性别、出生年份、民族、户籍所在地、学历（教育状况）、婚否、家庭状况，打工年限、打工感受、现工作所在地、工作单位和岗位，个人特长、人生价值观等，若有相关作品发表可注明。字数勿超1000字。

四、征文、征像片的投稿邮件发送格式说明

文字投稿的邮件主题名称格式，请按照以下示例填写，以方便编者一目了然地看明投稿者的主题信息，具体要求如下：

1. 打工者的投稿邮件主题示例

格式要求：作者姓名＋投稿者身份＋作者所在地城市名称+投稿主题。

具体示例：张三＋打工者＋深圳＋我的打工日记

2. 非打工者投稿邮件名称要求示例

格式要求：作者姓名＋投稿者身份＋作者所在地城市名称+投稿主题。

具体示例：李四＋非打工者＋北京＋我看打工者。

以上只是示例，投稿时，请填写投稿者个人真实的信息（会为你保密）。+号也要填写。

3. 随手拍打工像片和漫画作者的投稿注意事项

图片或漫画投稿，请作为附件发送（而不要粘贴在邮件中）。每张图片容量不要超过1MB，每个邮件总容量不要超过10MB。否则，服务器会自动删除（挑选出你最喜欢的图片发送）。图像邮件主题名称按照文字类要求写明。

投稿邮件发送要求：投稿者的简历和投稿文章，请直接粘贴在邮件当中，简历在邮件最上方，投稿文字（文章）在简历的下方。不要以附件的形式发送投稿。像片和漫画投稿邮件发送，和征文投稿要求一致。多次投稿者，每次投稿都请按照邮件主题名称要求发送邮件并注明是第几次投稿。

4. 歌手报名的邮件格式示例

歌手姓名+打工歌歌手报名，如你的名字叫王五：王五+打工歌歌手报名。

5. 有意作曲者请直接发送邮件到编者邮箱说明有意作曲，编者就会同你联系。

五、征像片说明（随手拍）

摄影类：打工的环境千差万别，各种景况都有。可用手机或相机将身边的打工景况拍摄下来，发送电子版像片到投稿邮箱当中，我会挑选出一些像片进行发表，并注明拍摄者的姓名。像片内容不受限制，只要是打工相关的工作和生活场景都可以。像片要清晰（拍照时，手不要抖）。不必担心个人隐私信息，编辑会做相应处理。

像片的投稿要求按第四项“征文、征像片的投稿邮件发送格式说明”填写。

六、征歌手的要求

编者吉峰作词了本书第八篇中的《打工歌》，歌曲暂时由最不著名打工歌手吉峰乱唱。现公开征集有歌唱特长的歌手演唱。征集打工歌手男、女各一名，吉峰将帮助获选歌手获得登台演唱的机会。报名条件要求如下：

1. 具有打工者身份（见征文作者的身份说明）。

2. 一年以上打工经历。

3. 认同歌词。

4. 非专业性演唱者。

5. 关注报名博客（因歌词尚未配曲），以方便听歌学唱。

6. 具有歌唱的能力或特长。你须具有歌唱的能力，而不是仅仅喜欢唱歌，否则，即使你报名，也难以得到面试通知（请自我衡量，是否值得付出时间和精力尝试）。

7. 现场歌唱《打工歌》这首歌，以检验是否适合作为演唱者。

8. 写一份个人简历，发送到指定邮箱。简历要求如下：

简历应包括；姓名、性别、出生年份、民族、现户籍所在地、学历、婚否、家庭状况，打工年限、打工经历、现打工所在地、工作单位和岗位，个人特长、人生价值观，最喜欢的一首歌和一本书，人生的目标和愿望。并写清楚自己在演唱方面具有什么样的资历和能力。字数勿超1500字。

将简历直接书写在邮件中（不要以附件形式发送）发送到指定邮箱，邮件主题按规定邮件格式示例书写，若接到自动回复信息，就证明已经收到了你的报名邮件。吉峰博客公布配曲的歌词后，可先学唱，以备面试时试唱。

9. 报名时间：书籍出版后或吉峰博客公布配好曲的歌词后，具体见博客公开信息。

七、征作曲说明

本书第八篇中的《打工歌：打工的梦想和实现》”，公开征集作曲者。邀请具有作曲能力，对打工生活有了解，愿意为歌词免费作曲的人作曲。

八、所有投稿者的联系方式说明

投稿作者请在稿件末尾，注明两种联系方式，一是电子邮件方式，一种是个人手机。编者的收稿邮箱，已经设置了自动回复，你接到了回复即代表收到了你的投稿。请投稿者保证投稿邮箱长期有效，出版方可能在长时间后，才会和你进行联系，请你二次修改写作、补充资料或参加相关活动事宜。

九、博客、微博、投稿邮箱和联系方式

本书主编吉峰，在网易上开设了博客和微博，博客是用来发布征文、征像片、征歌手具体信息的，微博是用来和大家快速简短交流的。有关征文、征像片、征歌手、征作曲者和投稿者、读者来信选登及书籍出版情况和变化，都会以网易博客为主公布，关注博客和微博就可获得相关信息。博客还会先刊登一些文章和图片，表示对投稿者赞赏和尊敬的同时，也作为优良征文示例展示。在博客上发表的和未发表的征文和像片，都有可能在书籍中出版。不必担心个人隐私问题，一些个人真实姓名、工厂名称，编者会做处理（投稿时请一定写明真实身份）。

吉峰征文网易博客：http://citygatess.blog.163.com/　名称：男城门

吉峰征文网易微博：http://t.163.com/8222614029

征文、征像片、征歌手、征作曲者的投稿邮箱：jifengmen@yahoo.cn

备用新浪博客账号：http://blog.sina.com.cn/u/1970512620

备用新浪微博账号：http://weibo.com/1970512620 名称：男城门

请一定按照投稿邮件的主题格式要求书写，以便编者有效分类投稿类型，否则，可能会漏掉你的投稿。

书信邮寄地址：深圳市福田区中康路福贸花园3栋2单元804吉峰收，邮编：518049。

十、投稿版权和使用事项

投稿者保证投稿内容为自己原创，为投稿者自己所亲身经历、思考写作或创作的。投稿者无偿授予吉峰使用，吉峰没有能力向投稿者支付稿费，但若发表吉峰将注明作者名字。就像本书中打工故事篇和社会（劳资关系）共言说篇的作者写稿一样。

后记

后记有两个作用，一是说一下写作、约稿、编辑的事儿，大家可以了解一些吉峰写作和编辑书籍的过程之事，显得开放，是知识，对读者也有益。二是要说一下感谢话，感谢很多人，免得得罪人。

写作和约稿的事

根本来说，打工者是人。在我们的劳资关系现实和社会语境中说“打工者”这个词时，其实已经将人的属性从打工者身上剥离了，而只将人打工者这个人当作了“打工的”，这个“打工的”词的意思是物质性的，而不是人性的。这也正是劳资关系失衡的本质核心。但打工者的本质是人，打工群体和人一样，需要有人的生活、人的话语和表现舞台，还要使得打工者在说自己的话语的同时，也能倾听他人的声音，懂得自己，反思人生，思考社会。为自己和自己的群体发现真实和真实的力量。为此，在写作尚未开始之前，我便对书籍的定位、结构和篇章进行了设计。

写作的考量：我是从三点角度写作此书的。一是从人的角度，而不是单从打工者的角度，就是将打工者当作一个“全人、完整的人”来看待。二是从劳资关系和社会角度，而不是从某一方角度。三是从思想性、人生价值观和道德角度，而不是从成功学、功利角度。希望读者能看得明白。

书籍的形式：书籍的形式特色是“自教育、共言说”。特点是实用性、知识性、交流性、思想性和道德性相结合，要既能给予打工者实在应用，又要能通过简明有趣的言辞和生动，为打工者提供一个认识人生的窗口，最终得到思想上和人生价值观的指引。什么是交流性呢？就是你在看书的过程中，你会感到你是在和很多思想不同的人说话。同时，还要倾听社会中多方的话语，不但能看清自己，还要能看清周围。这是在写作之前，就在我脑海里形成的鲜明目标。现在，“孩子”生出来了。

具体写作：在有限篇幅内，我力求做到结构完整、主题鲜明、思想突出、文字简明、生动有趣。避免长篇大论，枯燥说教。一句话就是；写一本语言简练、内容实用、生动感人和思想深刻的打工书，但未必完全。

关于书籍：原本想写成一本页数不超100页，开本为32开，总字数不超3万字的小册子。但真正坐下写作时，就刹不住车了，越写越觉得该写的内容越多，最终在尽力控制之下，写成了270页、约15万字的一本书。

关于约稿：没有一位非打工身份的作者拒绝约稿。多数的界别人员受邀写作，是因为他们怀着承担社会责任的心，现实世界里，也是给农民工主编的面子。令人感叹的是，打工者拒绝约稿的不止一人。

案例或故事：为体现打工者的形象和思想价值性，我没有将打工故事篇的故事内容，以案例或举例的方式编排在第一至七篇的主题之中，而是将这些故事单独成篇为“打工故事篇”。

关于审核：香港城市中文大学社会学博士、中山大学社会学与社工系讲师郑广怀应邀为全书做了审核。不愧是博士，不但审出我这个农民工很多错别字，还指出了一些语句的争议，避免了用词不当。

关于编辑：有人关心我写作和编辑的水平。因我没有编辑的专业知识。但我想，技术性的问题不是问题，而是形式、结构、定位、质量和思想的问题。即使出现一些不规范的词语或病句，也是真实。我若不写出一些病句和别字之类的，怎么能证明我是农民工主编呢。

关于“教育和教训”

无论是自教育，还是听取他人的教育，学得知识或拥有智慧，从个人自己的内心发出才是根本。因为每个人都应该是独立的人呢。不止一位朋友向我指出书中“教训人的口吻”，虽然我尽力在文字上注意，但仍然不可避免。在文字写作的技术性角度来讲，是完全可以做到温柔和好听的，但若如此，那就是虚伪，而不是真实，更不是吉峰所写的书了。请你着重注意书中的内容是否真实有益。书籍中心思想传讲的是一种“道理”，但这种道理需要读者自己判断和选择。同时我也向读者说明，我不认为书中的内容都是表述正确的或就是正确的。请读者独立思想批判地看。

关于出版

关于印刷：本想通过某种资助、商业广告或购买的方式，实现大量印刷，降低印刷成本费用，以免费或低廉的价格发行到打工群体当中。但时间和能力不足，未能成行。

关于写作和挣钱：写作不是为了吃饭，但写作一定要吃饭，吃饭就需要钱。若有某位好心的大老板想资助书籍，请一定不要客气，这正是证明你真的有钱的时候。截止到书籍印刷时为止，我还在凭着个人的声誉，欠着稿费和出版费用呢。唉，农民工就是农民工，命苦啊！

关于感谢

首先，要感谢我自己，感谢自己始终求知向上，而没有金钱挂帅，感谢自己没有以空虚的方式过苦难生活，而抑制了绝望和自我毁灭的冲动，感谢自己始终对不公怀着不服之气，这股气支持我活到了今天，而没有跪倒在罪恶面前（虽然有时心里还犯罪）。感谢灵光闪现在我的脑海里时，我以痛悔和谦卑，俯伏在神的脚下，没有陷入自以为是和自以为聪明的罪恶当中，使我在明白一些何为人的道理之后，努力为人。还要感谢那些在我为生存而挣扎的打工状态中，以诡诈、剥削、羞辱和蔑视对待我的人，它们为此书增添了意义。

其次，感谢茅老（茅于轼），全总郭军部长，深圳市总工会王同信副主席，南都曹轲总编，他们专门拿出时间为书籍写序，这些序为书籍增色和点明了意义。还要感谢徐永光理事长、常凯教授、沈原教授、于建嵘教授、乔健教授、何高潮教授、李公明教授为书籍写了书评。这些序和书评可能会使读者受到重视，也方便多卖一点书。

杨钦星主席对书籍给予了指导，李津逵大哥是书籍出版的有力支持者，常凯教授和吴挺处长给予了写作上的支持，读书月组委会邱建华部长、特区报刘丽华女士的关心让我感到温暖。秦晓楠处长提出的意见，使我重新调整了前两篇的主题设置。企协白紫涵女士、媒体吕卓女士和郭宇宽博士，帮助我和部分约稿作者进行了交流，周国银先生和我交流了书籍整体事项，郑广怀博士的审核使我可以对可能的书籍批评者有了责任推脱的好借口。

最后，感谢打工和非打工身份作者，给我这个农民工主编的面子，应吉峰之邀为书籍写稿。他们怀着对社会的责任心，没有小瞧农民工这个话题，真心写稿、真诚关注。

最最后，要感谢深圳市总工会和深圳读书月组委会对此书的大力支持，否则，此书难以出版。

最最最后，若有有心的读者觉得书中某句话、某主题或某篇章恰好写得挺好的，想感谢我，那我将接受你的感谢，免得我老是感谢别人，而没有别人感谢我（可以给我发邮件说出你的感想、故事或评论）。书籍出版后，约在8—12月间，可能会在北京（清华大学）、广州（中山大学）和深圳（深圳大学和工业区）举行读者交流会。如果有人喜欢书籍，可以现场送我路边长的芦苇样式的野草几根（不要送花），我将非常高兴。我的内心话是：我相信我自己。

书籍为大家奉献了一本，在形式上、内容上、方式上和价值意义上的全新打工书籍。我在前言中说书籍的特点是“实用性、交流性、思想性和道德性”，其实，这应该成为我们的“生活方式”。“仓库”里的工具由你使用（行动），果实由你收获（丰收），味道由你品尝（评论）。

最最最最后

和很多的打工者一样，我只有初中文化（初中毕业时不及格的考卷是抄的），但文凭不能阻挡人的求知思想。每个人都是自由的人，只要你敢于想象。都具有独立的思想，只要你去思考和体现。都能活出生命的意义和价值，只要你真实地生活和追求。千万不要以生活困苦为借口放弃主动作为，更不要以埋怨淹没自己，以至于浑浑噩噩、自暴自弃。切记，思想可以认识世界，行动可以改变人生。这种能力，每一个人天生都具有，就看你是不是相信，愿不愿意改变，敢不敢用行动体现在自由的人生当中。

愿打工者彼此关心、相互团结、共同成长。太阳的光明照耀在每一个人的身上，空气都在自由地流通，人心发出的力量无穷无尽。一种真实生活的开始，就在自己的脚下。一种真实生活的可能，就在自己的手里。一切等待着你的实现。抬头做人向前看，从自己做起，从身边做起，无限的可能等待着你。

愿我们脚踏实地，愿我们敬畏上天，愿主祝福我们，走向自由光明之路。

吉峰

2011年6月3日

20世纪90年代，在深圳打工时开始想象

2007年，深圳龙岗区打工时开始构思

2010年3月，深圳上梅林出租屋文字初稿

2011年2月春节，修改于家乡内蒙古莫尔道嘎

2011年5月，定稿于深圳福田上梅林出租屋

名词解释

一些名词内容实质严重影响着打工者的命运，既然生活在打工世界里，那就不妨先有个简单了解，然后看清方向，使努力改变成为可能，解释如下：

劳资关系：劳资关系中的直接主体是劳方和资方。劳资关系是一种广泛的社会关系，主要涉及的方面有劳动局（行政执法）、工会（权利维护）、企业（资方利益）、司法（仲裁和司法诉讼）、法律（法律制定）、媒体监督、学界研究、第三方组织、政治体制和经济形式及社会保障等方面（劳资关系过去叫劳动关系）。

蓝白问题：宏观是指劳资关系问题，微观指的是蓝领、白领自身问题和自我组织问题。

三方机制：全称为劳资三方协商机制，国际国内语言上通用的劳资关系调整机制，法律在文字上规定的三方代表是工会（打工者）、资方（企业协会）和政府方（劳动局）。

四方劳资关系：三方协商机制以外的所有相关方，都属于第四方，三方协商机制和第四方共同面对的劳资关系，就是四方劳资关系（部分内容在第二届劳资关系发展论坛专刊上发表）。第四方包括的方面为：学术界、媒体、劳动仲裁、司法诉讼、社会组织和社会力量等。三方机制过于趋同，有必要加入第四方，实现四方劳资关系，以促进和监督三方协商机制作用的可能。

企业社会责任（CSR）：最早起源于美国，字面的意思好像是在说，企业要负社会责任，企业社会责任的内容是什么呢？到底是什么的意思呢？你自己认识和判定吧！

农民工：不是农民也不是工人，就是农民工（见“农民工定义”主题）。

打工："做工。多指临时的。"《现代汉语词典》第5版第244页（商务印书馆2008年版）。

工会：《中华人民共和国工会法》第一章第二条："工会是职工自愿结合的工人阶级的群众组织。"

劳动局（人社局）：好像是维护打工者权益的政府部门。

企业协会：保护企业利益的组织。

劳工组织：维护劳工权益的组织。

第三方组织：多数情况下指非政府、非商业性组织。

NGO：非政府、非商业和非营利组织。同第三方组织相近，有时也称社会组织。

学术机构：一些大学和科研机构成立的学术研究机构。

学者：学习或研究某种学科或问题的人（一些学者的特点是爱做课题）。

律师事务所：收钱为原告也为被告打官司的商业组织。收的钱比农民工工资高多了。

学界：主要指于劳资关系相关的学界。主要为三个学界，一是经济学界，特点是将人当作成本和生产要素（资料）；二是社会学和劳动关系学界；三是法学、法律界。

社工组织：近两三年开始出现的非商业性社工组织，其中一些组织的服务内容与打工者相关。多数的社工组织经费来源于政府。

法律援助：不收钱而帮助打官司的法律援助形式，一些政府部门或相关组织提供法律援助，如司法局、工会、妇联和第三方组织。

农民工经济："农民工（打工）经济"、"加班经济"、"宿舍经济"、"出租屋经济"、"大排档经济"，意指农民工以加班拿低工资、住宿舍和出租屋为特征的生存状态和国家经济的发展模式。

参考书目

1. 无悔的历程：茅于轼、岑科、李高阳 著，浙江人民出版社。
2. 亚历山大传奇：[英]尼克·麦克卡提 著，傅源、尤云峰译，浙江教育出版社。
3. 阿伯特：［以］阿丁·施坦泽兹 诠释，张平 译，中国社会科学出版社。
4. 圣经：和合本·新修订标准版，中国基督教协会（申命记、箴言等）。
5. 沉思录：马可·奥勒留 著，何怀宏 译，生活·读书·新知三联书店。
6. 社会契约论：[法]卢梭 著，商务印书馆。
7. 活着为了什么：[法]以马内利修女 著，华宇 译，深圳报业集团出版社。
8. 犹太智慧丛书：[美]马尔文·托卡耶尔 著，彭旭 译，牛建科 校译，傅有德 牛建科主编，中国社会科学出版社。
9. 沙龙传：[法]丹尼埃尔·阿伊克 著，刘成富 等译，译林出版社。
10. 先知：纪伯伦 著，冰心 译，中国国际广播出版社。
11. 习惯的力量：[美]杰克·霍吉 著，当代中国出版社。
12. 全国总工会报告（2010年）。
13. 深圳新生代农民工生存状况调查报告2010（深圳大学劳动法和社会保障法研究所、深圳市总工会）。
14. 我与你：马丁·布伯 著，陈维钢 译，生活·读书·新知三联书店。
15. 伊索寓言。
16. 山中书简：卢梭 著。
17. 弟子规：[清]李毓秀。
18. 正义论：[美]约翰·罗尔斯 著，何怀宏 何包钢 廖申白 译，中国社会科学出版社。
19. 论语。
20. 道德经。
21. 孙子兵法。
22. 共产党宣言：中共中央马克思恩格斯列宁斯大林著作编译局译，人民出版社。
23. 大众塔木德：[美]亚伯拉罕·科恩著，盖逊译，傅有德主编，山东大学出版社。
24. 圣哲箴言：[美]弗兰西妮·科兰格斯伯伦 著，许和平 等译，文化艺术出版社。

吉峰以后可能写作的书

1. 要饭女王
2. 城门口